吉林师范大学博士启动资助项目
吉林省社科基金项目

汉语母语者与汉语学习者对话中的交际调节研究

石金媛 著

中国戏剧出版社

图书在版编目（CIP）数据

汉语母语者与汉语学习者对话中的交际调节研究 /
石金媛著 . -- 北京：中国戏剧出版社，2023.3
ISBN 978-7-104-05273-9

Ⅰ.①汉… Ⅱ.①石… Ⅲ.①汉语—对外汉语教学—
教学研究 Ⅳ.① H195.3

中国版本图书馆 CIP 数据核字（2022）第 169846 号

汉语母语者与汉语学习者对话中的交际调节研究

责任编辑：邢俊华
责任印制：冯志强

出版发行	中国戏剧出版社
出 版 人	樊国宾
社　　址	北京市西城区天宁寺前街 2 号国家音乐产业基地 L 座
邮　　编	100055
网　　址	www.theatrebook.cn
电　　话	010-63385980（总编室）　　010-63381560（发行部）
传　　真	010-63381560

读者服务：010-63381560
邮购地址：北京市西城区天宁寺前街 2 号国家音乐产业基地 L 座

印　　刷	天津和萱印刷有限公司
开　　本	787mm×1092mm　1/16
印　　张	12.25
字　　数	213 千字
版　　次	2023 年 3 月　北京第 1 版第 1 次印刷
书　　号	ISBN 978-7-104-05273-9
定　　价	72.00 元

版权专有，违者必究；如有质量问题，请与出版社联系调换。

自 序

《汉语母语者与汉语学习者对话中的交际调节研究》是我在东北师范大学文学院攻读文学博士学位时的博士论文题目。2013年9月,我考入东北师范大学文学院攻读文学博士学位,实现了梦想,欣喜若狂,但也遇到了种种困惑。我在白天要忙于教学工作、行政工作,晚上回到家里,还要照顾家庭,每天能留给学习的时间就是个人的睡眠时间,在考博备战期间也一直是这种状态。长期的疲劳导致我的身体免疫力急剧下降,后背脊柱也发生了严重侧弯,压迫神经,呼吸困难。2014年9月,我辞去科长职务,开始了漫长的求医之路。在痛苦时,我几次想放弃学位,但老师总是支持和鼓励我,劝我不要着急。在我论文选题、开题和撰写过程中,老师一直耐心指导和辛苦付出。老师的身体状况也并不是很好,不能过度劳累,但即便是在大年初一,还在帮我修改论文。同为老师,深感老师的辛苦与不易。人们常说:"世上有三类人,男人、女人、女博士。"有人认为这是一句玩笑,是一种嘲讽,可是身为一位女博士,方知这是一种历练。博士的攻读过程,更是人生的成长和蜕变过程。

时隔数年,再次阅读自己的博士论文,有感将其出版的必要性,几经打磨,现已成稿。本书内容具有一定的理论与现实意义。首先,实验法与话语分析方法相结合的研究结果可以为交际调节理论提供强有力的数据支撑,有助于证实交际调节理论的生态效度,有助于发现汉语母语者与汉语学习者对话时的规律,揭示汉语母语者与汉语学习者之间的交际调节影响因素以及交际调节对留学生汉语学习的作用。根据交际调节的影响因素和作用,为对外汉语教学提供实际参考,提高对外汉语教师使用或不使用交际调节的意识度，以促进意义理解和沟通效果。同时，本书内容可以为交际调节理论的进一步完善提供实证支撑。

最后，我还要感谢我的爱人、同事、朋友。谢谢他们的支持与帮助，帮我渡过人生最为艰难的阶段。过程是煎熬的，结果是美好的。熬，是生命赐予的最好礼物。艰难岁月，熬得住，才会柳暗花明。

石金媛

2022 年 6 月

目 录

自 序 ··· 1

绪 论 ··· 1

第一章　文献综述 ··· 7
　第一节　交际调节理论与研究 ································· 7
　第二节　交际调节研究 ·· 14
　第三节　会话分析与汉语学习者口语研究 ················· 24

第二章　研究设计 ··· 37
　第一节　研究背景 ·· 37
　第二节　研究问题 ·· 38
　第三节　研究框架 ·· 38
　第四节　研究方法 ·· 39

第三章　汉语母语者与来华留学生对话中的交际调节（研究一） ······ 49
　第一节　研究背景 ·· 49
　第二节　研究方法 ·· 52
　第三节　实验过程 ·· 53
　第四节　结果与分析 ··· 54
　第五节　讨论与结论 ··· 62

第四章　任务难度对汉语母语者交际调节的影响（研究二） ········ 67
　第一节　背景分析 ·· 67

第二节　研究方法⋯⋯⋯⋯⋯⋯⋯⋯⋯⋯⋯⋯⋯⋯⋯⋯⋯⋯　69
　　第三节　实验过程⋯⋯⋯⋯⋯⋯⋯⋯⋯⋯⋯⋯⋯⋯⋯⋯⋯⋯　71
　　第四节　结果与分析⋯⋯⋯⋯⋯⋯⋯⋯⋯⋯⋯⋯⋯⋯⋯⋯⋯　72
　　第五节　讨论与结论⋯⋯⋯⋯⋯⋯⋯⋯⋯⋯⋯⋯⋯⋯⋯⋯⋯　79

第五章　反馈类型对汉语学习者交际调节的影响（研究三）⋯⋯⋯⋯　83
　　第一节　背景分析⋯⋯⋯⋯⋯⋯⋯⋯⋯⋯⋯⋯⋯⋯⋯⋯⋯⋯　83
　　第二节　研究方法⋯⋯⋯⋯⋯⋯⋯⋯⋯⋯⋯⋯⋯⋯⋯⋯⋯⋯　85
　　第三节　实验过程⋯⋯⋯⋯⋯⋯⋯⋯⋯⋯⋯⋯⋯⋯⋯⋯⋯⋯　86
　　第四节　结果与分析⋯⋯⋯⋯⋯⋯⋯⋯⋯⋯⋯⋯⋯⋯⋯⋯⋯　87
　　第五节　讨论与结论⋯⋯⋯⋯⋯⋯⋯⋯⋯⋯⋯⋯⋯⋯⋯⋯⋯　98

第六章　汉语母语者交际调节对汉语学习者意义理解的影响（研究四）　101
　　第一节　背景分析⋯⋯⋯⋯⋯⋯⋯⋯⋯⋯⋯⋯⋯⋯⋯⋯⋯⋯　101
　　第二节　研究方法⋯⋯⋯⋯⋯⋯⋯⋯⋯⋯⋯⋯⋯⋯⋯⋯⋯⋯　103
　　第三节　实验过程⋯⋯⋯⋯⋯⋯⋯⋯⋯⋯⋯⋯⋯⋯⋯⋯⋯⋯　104
　　第四节　结果与分析⋯⋯⋯⋯⋯⋯⋯⋯⋯⋯⋯⋯⋯⋯⋯⋯⋯　105
　　第五节　讨论与结论⋯⋯⋯⋯⋯⋯⋯⋯⋯⋯⋯⋯⋯⋯⋯⋯⋯　108

第七章　总体讨论与结论⋯⋯⋯⋯⋯⋯⋯⋯⋯⋯⋯⋯⋯⋯⋯⋯⋯　111
　　第一节　总体讨论⋯⋯⋯⋯⋯⋯⋯⋯⋯⋯⋯⋯⋯⋯⋯⋯⋯⋯　111
　　第二节　总体结论⋯⋯⋯⋯⋯⋯⋯⋯⋯⋯⋯⋯⋯⋯⋯⋯⋯⋯　128

参考文献⋯⋯⋯⋯⋯⋯⋯⋯⋯⋯⋯⋯⋯⋯⋯⋯⋯⋯⋯⋯⋯⋯⋯　131

附　录⋯⋯⋯⋯⋯⋯⋯⋯⋯⋯⋯⋯⋯⋯⋯⋯⋯⋯⋯⋯⋯⋯⋯⋯　145
　　附录1　被试招募启事（汉语母语者）⋯⋯⋯⋯⋯⋯⋯⋯⋯⋯　145
　　附录2　被试招聘启事（汉语学习者）⋯⋯⋯⋯⋯⋯⋯⋯⋯⋯　146
　　附录3　实验同意书⋯⋯⋯⋯⋯⋯⋯⋯⋯⋯⋯⋯⋯⋯⋯⋯⋯　147
　　附录4　研究一、研究二　中文实验说明书⋯⋯⋯⋯⋯⋯⋯⋯　148

附录 5	研究三 中文实验说明书	149
附录 6	研究四 中文实验说明书	150
附录 7	英文实验说明书	151
附录 8	汉语母语者被试背景信息表	152
附录 9	留学生被试个人情况调查表	153
附录 10	汉语母语者被试语言能力自评表	154
附录 11	全体汉语母语者被试语言能力自评成绩	155
附录 12	汉语学习者被试汉语词汇量测试题	159
附录 13	汉语学习者被试口语能力测试题	162
附录 14	研究一 实验一、实验二 汉语学习者被试词汇量测试成绩	163
附录 15	研究一 实验一、实验二 汉语学习者被试汉语口语测试成绩	164
附录 16	研究二 对话话题难易程度问卷调查	165
附录 17	研究二 实验三、实验四 汉语学习者被试汉语口语测试成绩	166
附录 18	研究二 实验三、实验四 汉语母语者全国普通话统一测试成绩	167
附录 19	研究二 实验三、实验四 汉语学习者被试词汇量测试成绩	168
附录 20	研究三 实验五、实验六、实验七 汉语学习者被试汉语口语测试成绩	169
附录 21	研究三 实验五、实验六、实验七 汉语母语者全国统一普通话水平测试成绩	171
附录 22	研究三 实验五、实验六、实验七 汉语学习者被试词汇量测试成绩	172
附录 23	研究四 实验八、实验九 汉语学习者被试汉语口语测试成绩	174

附录 24　研究四　实验八、实验九　汉语学习者被试词汇量
　　　　　　测试成绩 …………………………………………… 175

附录 25　研究四　实验八、实验九　汉语母语者全国统一
　　　　　　普通话水平测试成绩 ……………………………… 176

附录 26　研究四　汉语成语、习语熟悉度调查问卷 ………… 177

附录 27　研究四　汉语学习者汉语成语、习语理解测试题 ……… 178

附录 28　研究四　实验八　无交际调节组汉语成语、习语表 …… 180

附录 29　研究四　实验九　交际调节组汉语成语、习语表 ……… 182

附录 30　研究四　汉语学习者汉语成语、习语理解测试成绩 …… 184

附录 31　实验材料图片 ………………………………………… 185

绪 论

随着全球化的不断发展和中国改革开放程度的不断提高,世界各国与中国在经济、科技、政治、文化、医疗和教育等方面的交流日益增加。中国强劲的发展势头和不断增强的文化软实力,吸引越来越多的外国留学生来华学习。据《新京报》报道(2018-3-30),2017年共有来自204个国家和地区的48.92万名外国留学生在我国高等院校学习。其中"一带一路"沿线国家留学生31.72万人,占总人数的64.85%,增幅达11.58%,高于各国平均增速。在"一带一路"背景下,来华留学生人数进一步增加,对外汉语教学的重要性日益彰显。因此,如何提高留学生汉语学习效果,特别是提高留学生口语表达能力,促进留学生与我国人民的友好交流,使留学生知华、爱华、亲华,是对外汉语教学中急需解决的问题。

然而,中国人之间的交流方式(文化内交际)和我们与外国人之间的交流方式(跨文化交际)存在众多差异。由于汉语母语者与汉语学习者[①]在语言、文化背景、价值观念、动机取向、民族身份和心理素质等方面存在不同之处,双方之间的对话过程势必比汉语母语者之间的对话更加复杂。目前,针对文化内交际和跨文化交际研究仍比较有限(Chen,2002)的情况下,许多研究表明,母语者除了在学习和工作场合与外国人进行交往接触外,很少有机会与外国人进行交往(如:Halualani,2008)。导致该现象的一个重要原因是跨文化交际比文化内交际更具有挑战性(Gudykunst & Kim,2003)。

与母语者相比,外语学习者存在的不确定性较多,如对语言的不自信、对自身行为的不自信和心理上的焦虑等。面对种种不确定性,母语者经常调用其对外国人形成的文化刻板形象[②],以期减少由不确定性带来的交际障碍。刻板形象包括积极和消极的特征,例如,有些刻板形象在特定场合

---

① 本书中,汉语学习者与留学生同指在华学习汉语的留学生。
② 刻板形象是人们对某类人群的特点进行的总结归纳,它的形式是一种范畴化的认知过程(Fiske,1998)。

下是准确的，有些却是一种过度概括，在交际中使人们忽略对方的个性，从而导致母语者带着先入观与外国人交流。又如，人们一般认为日本人彬彬有礼、英国人绅士保守、美国人开朗大方等，然而，实际情况并非如此。每个民族的行为虽然有广泛性，但具体的个人差异甚大。在语言方面，人们对外国人总体的刻板形象是外语水平较低。因此，与外国人交流时，特别是与陌生的外国人交流时，人们常常对自身语言进行调节，如降低语速、增加停顿时间、使用更多的简单句式和简单词语等，以期降低外国人理解自身话语的难度。

20世纪50年代初期至60年代初期，我国汉语研究者看到了汉语的潜在优势，并认为汉语极有可能成为世界上最重要的通用语之一（沈荭，2001）。在对外汉语教学初期，我国研究者探索汉语教学方法，试图提高汉语学习者的汉字发音和理解能力。20世纪60年代初期到中期，对外汉语教学经历了巩固和发展阶段，研究者经过一系列探索，制定了一套适用于汉语学习者的教学方法（张亚军，1987）。然而，当时汉语的语言地位还尚未确立。20世纪70年代初期，汉语教学经历了恢复阶段，中国在世界上的地位有所提升，国家以及众多学者又重拾对外汉语教学事业。

20世纪70年代末，中国迎来对外汉语教学的蓬勃发展阶段，汉语逐渐被世界各国所熟知和接受（徐冰若，2006）。为发展中国汉语教学事业，国家投入了大量资金，高度重视汉语教学的发展以及对外开放政策的实施。1985年在北京召开的"第一届国际汉语教学讨论会"，将对外汉语教学确定为一门新的学科（王力，1985）。1987年国家汉办创立（胡壮麟，2008），为世界各国提供汉语教育，推广中华文化。从此，国内众多高校，如北京语言大学、东北师范大学、辽宁师范大学等开始开设对外汉语教学学科，通过国外大学推送进修生等途径，吸引一批又一批来自美国、加拿大、英国、澳大利亚、俄罗斯、日本和韩国等国家的本科生、研究生和高级进修生来华学习。此外，我国在诸多国家，如美国、加拿大等地开设孔子学院，推广中国文化及汉语教育。孔子课堂发展到世界各个角落，掀起一股"汉语热"（冽玮，2010）。

随着我国改革开放的不断深化和发展，汉语教学已成为促进世界各国与我国交流、了解我国文化的有效纽带。在"一带一路"背景下，越来越多来自东盟、西亚、南亚、中亚、独联体国家和中东欧各国的留学生来华学习。从20世纪90年代开始，我国学者对于第二语言习得的研究重心开始转向学习者主体。也就是说，研究者更多地开始专注于研究学习者习得语言的整个心理过程。

为了确保对外汉语教学的效果,不仅需要完善对外汉语教学体系(李军、王靖,2009),更需要对对外汉语教学进行相关研究。目前,大量研究者采用多种方法对留学生的汉语学习(钱玉莲、刘祎宁,2016;丁安琪、肖潇,2016;姚倩,2016;温宝莹、谢郴伟,2018;肖瑶、刘艺,2018;高思畅、王建勤,2019)和对外汉语教学(王添淼,2010;赵金铭,2010;李如龙,2014;陈颖,2014)开展研究。研究发现,留学生与汉语母语者在言语技能和言语交际技能上存在的困难和问题完全不同(何山燕,2005)。留学生在汉语的听、说、读、写方面均存阻碍其学习的困难和问题(洪柳,2012),同时在词汇、句法、汉语理解或语用上存在困难。这些问题都增加了汉语学习者与汉语母语者之间沟通交流的难度。

在词汇上,中级汉语学习者普遍存在词汇量不足的问题。当汉语学习进入中级阶段,学习效率及速度明显下降。此外,汉语学习者经常望文生义,对近义词辨析存在疑惑,容易混淆(张和生,2006)。欧美留学生常常对汉语词义的多样性产生困惑。同时,在口语交流中,像"能""会"等语句出现使用偏误现象(陈若凡,2002)。在句法上,汉语学习者常常无法区分把字句和被字句等。此外,汉语学习者常常无法正确把握汉语交际规约性原则,无法听懂汉语母语者所产出的话语,无法理解其文化背景下的意图,如称呼/称谓的语用意义(孙筱荑,2012)。在语音方面,留学生容易受到其母语语音负迁移的影响,从而不能正确产出汉语语音(党艳平,2013),使其汉语发音和语调明显带有外国人口音。例如,越南留学生常经历声母发音错误,进而造成理解的偏差(傅氏梅、张维佳,2004)。对于欧美汉语学习者来说,他们在平翘音发音上受到本族语的影响较大(海珂,2006)。在书写方面,由于汉语的书写规范和方法与字母文字之间存在巨大差异,因此绝大部分留学生必须重新学习一套新的文字书写体系,无疑造成巨大困难(洪柳,2012)。

以上研究说明,留学生主要在汉语词汇、句法、理解或语用上存在困难,并导致与汉语母语者对话时产生障碍。对于外语学习者来说,与母语者进行对话交流,对其外语学习具有至关重要的作用。对于汉语学习者来说,与汉语母语者进行顺利的口语交流,是最重要的学习目标之一。

语言习得是社会交际的结果(Ochs,1988)。交际方式直接影响社交质量和人际关系。作为最主要的交际方式,对话传递着参与双方想要表达的信息。然而,这些对话不仅包括话语内容本身,还包括这些话语的表达方式，不仅是说什么，还有怎么说。对话双方经常可以根据对方语言调节自身话语，从而达到交际和影响彼此关系的目的（Giles, Coupland & Coupland, 1991）。

交际调节研究对众多的交际方面进行考察，如语音使用（Shockey, 1984）、双语交际（Valdes, Garcia & Storment, 1982）、语言和口音的选择（Putman & Street, 1984）和交际策略的选择（Rost & Ross, 1991）等。然而，汉语母语者与汉语学习者对话时，母语者如何在语言句法结构和话语流利度上对汉语学习者进行调节、使用何种调节策略、交际调节有哪些影响因素以及调节的作用，目前还未对这些问题进行探究。

现有的心理语言学研究均依赖孤立的词语或独白，因为研究者更容易控制孤立词语的词频和呈现条件（按顺序呈现或随机呈现）。然而，最常见的语言形式是对话，因此有必要考察对话中存在的心理机制。特别是考察汉语母语者与汉语学习者之间的对话，需要在自然场合下观察分析汉语母语者是否根据以及如何根据对方的语言对自身话语进行调节，以及采用的调节策略。为此，本研究借助图片描述任务，促使汉语母语者和汉语学习者进行自然对话，收集汉语的对话录音，并以语言调节理论作为理论框架探讨汉语母语者与汉语学习者对话中的交际调节问题。

会话分析兴起于20世纪60年代，从早期研究（如：Sacks, 1974; Schegloff & Jefferson, 1974; Sacks & Schegloff, 1979; Gaskill, 1980）到近期研究（如：Markee, 2000; Hosoda, 2003; Wong, 2004; Gardner & Wagner, 2004），会话分析一直是二语习得研究中的一个重要研究方法。Heritage（1984）指出，会话分析的基本假设有三点：①交际是有一定的结构组织在一起；②对话交际取决于语境；③对话结构和语境存在于交际的细节中，所有细节均是有秩序和相关的。

会话分析主要的作用是分析对话中的交谈以及结构模式。换句话说，会话分析能够揭示汉语母语者与汉语学习者在对话交际过程中反复出现的会话结构模式。会话分析方法有助于二语习得以及二语语用的课堂教学研究（孟悦，2010）。同时，在分析汉语母语者与汉语学习者言语交流中，会话分析能够发现双方交流时是否存在语码转换。王瑾、黄国文、吕黛蓉（2004）发现在一种或者两种以上的语言活动中，交流者会关注语言序列的插入与排序。会话分析可以揭示汉语学习者是否以及何时进行语码转换。同时，通过会话分析的方法，对比分析汉语母语者和汉语学习者对话时双方的话语，可以发现汉语母语者是否以及如何在语言的各个层面上对对方进行交际调节。

具体来说，本研究将对汉语母语者和汉语学习者的句法复杂度和话语流利度进行分析。句法复杂度指口语产出中语言的复杂和多样化程度（Ellis，2003）。句法复杂度的测量指标包括三项：AS-units[①]词语个数；AS-units 小句个数；连词数量。话语流利度指说话人在停顿、犹豫以及重构方面的表现（Ellis，2003）。

言语调节理论（Speech Accommodation Theory）是由著名社会心理学家 Howard Giles 于 1980 年提出的。Giles（1980）指出，在语言交际中，交流者之间不仅会受到语言本身的影响，也会受到社会相关因素的影响，例如说话者的主观情感、价值观念、动机取向以及语言变体的驱动因素等。言语调节理论被用于解释不同年龄段的人之间的交际（McCann & Giles，2006）、同一民族成员之间的交际（Giles & Johnson，1986）和跨文化交际（Giles & Noels，1997）等。

言语调节可分为趋同调节、趋异调节和言语保持。研究发现，获得认同感的欲望越强，人们对自身语言的调节程度越大。即使在以前对话中，对话双方中有一方没有进行趋同调节，另一方在之后的对话中为了获得对方的认同，仍然可能进行趋同调节（Giles & Coupland，1991）。此外，权力地位也是影响交际调节的重要因素。一般情况下，权力地位低者向权力地位高者进行趋同调节（Gregory，Dagan & Webster，1997）。

根据言语调节理论（SAT），对话者在语言上使用趋同或趋异调节，其目的在于缩小或拉大社会距离以获得对方赞同或表示与对方的区别。然而，交际过程中除了语言之外，还包括非语言交际。Coupland & Giles（1988）对交际过程中产生的调节理论进行扩充和修改，并将其命名为交际调节理论（CAT）。交际调节理论被用于各种跨文化交际研究，并得到不断的丰富和发展，如 Giles 等人（2007）进行的警察和市民之间的对话研究。通过将民族语言身份理论运用到交际调节理论中，Gallois 等人（1988）对言语交际理论进行了进一步扩展。大部分研究者认为，交际调节理论是一个重要的语言和社会交际的社会心理理论，是最重要的交际行为理论之一（Tracy & Haspel，2004）。

---

① AS-units（Analysis of Speech Units），指有一个主句和任何一个附加的从句或者子句单位。

如上所述，目前对外汉语教学研究从汉语语言系统、影响汉语学习的因素和对外汉语教学法等方面开展的研究中，尚未发现针对汉语学习者与汉语母语者对话中的交际调节研究，也没有研究考察影响汉语母语者与汉语学习者交际过程中交际调节的因素，以及交际调节对汉语学习者的作用。鉴于与汉语母语者对话对汉语学习者的重要作用，并为更好地帮助汉语学习者更加顺利愉快地与汉语母语者对话，因此有必要考察双方对话中汉语母语者如何对汉语学习者进行交际调节。

先行研究发现，在社交环境中被进行一定程度的交际调节（无论是趋同调节还是趋异调节）。例如，母语者在与外语学习者交流时，母语者会有意识地对自己的言语进行调节。然而，目前的交际调节研究主要针对老年人、儿童以及英语、日语等外语学习者展开。尚未发现针对汉语母语者与汉语学习者对话中的交际调节的研究。此外，也未有研究考察影响汉语母语者与汉语学习者对话中交际调节的因素，以及交际调节对留学生学习汉语的作用。因此，有必要采用实证研究的研究方法，探讨汉语母语者与汉语学习者对话中的交际调节现象。

本研究主要采用会话分析的方法，以交际调节理论为框架，探讨汉语母语者与汉语学习者对话中的交际调节现象，试图考察交际调节是否对提高汉语学习者理解汉语成语和习语的意义具有促进作用，以及汉语母语者对汉语学习者采用的交际调节策略。

通过分析汉语母语者和在华留学生的对话交流，考察双方对话中的交际调节，包括调节策略、影响调节的因素和调节结果。本研究具有一定的理论和现实意义。

本书共七章，绪论重点论述研究的背景、必要性以及研究意义；第一章梳理先行研究与理论框架，重点介绍交际调节理论和会话分析方法；第二章阐明研究问题的由来、具体的研究问题、研究框架及研究方法；第三章至第六章报告各项子课题研究（研究一到研究四）的实验结果，并对结果进行分析；第七章在理论框架下结合先行研究对本研究结果进行总体讨论，并总结本研究的主要发现、研究意义、研究不足与启示。

第一章 文献综述

本章主要从言语调节理论的内涵和理论基础入手，对先行言语调节研究继续进行梳理，包括年轻人与老年人对话中的言语调节、成年人与儿童对话中的言语调节以及母语者与外语学习者对话中的言语调节研究等。同时，回顾会话分析的目的、方法与相关研究。最后，对汉语学习者口语研究进行梳理。

第一节 交际调节理论与研究

言语调节理论（Speech Accommodation Theory，简称 SAT）是由英国著名社会心理学家 Howard Giles 提出的。先行研究发现，在对话交际中，说话双方对对方话语进行模仿，期待通过相似性的建立促进沟通。这种以建立相似性为目的的言语调节，可以用相似吸引理论进行解释。然而，交际调节还包含无法用相似吸引理论解释的现象。对此，Coupland & Giles（1988）提出交际调节理论（Communication Accommodation Theory，简称 CAT），以弥补言语调节理论（SAT）的不足。

为了和言语调节理论中的调节（accommodation）进行区分，交际调节理论经常使用"协调"（attune）一词。交际调节理论认为，交际调节除了包括对对方话语在句子长度、停顿、语速、重复和发音等方面的模仿之外，还包括：①解释策略，如降低语速、延迟回答、使用意义理解核实问句和延长停顿等，以降低对方的理解难度；②话语管理策略，如谈话主题的选择、面子维护和话轮的掌控等；③人际管理策略，如称呼语的使用、礼貌用语的使用等。由此可见，交际调节理论是由言语调节理论发展而来的。

言语调节理论的主要目标是考察影响语言变体的心理因素（Giles，1980）。Giles 认为语言使用主要由交际者的社会心理倾向决定。言语调节理论指出，交际者对对方的评价决定其是否对对方进行模仿。按照相似吸引理论,人们对于与自己相似的对话者给予更高评价(Byrne,1969)。因此,交际者会模仿对方以求得更大的社会认同。这一理论成果的出现不仅极大地丰富了社会语言学理论,而且拓宽了社会语言学的研究范畴。

长时间以来,社会语言学的研究领域局限在狭窄领域,注重语言变体与客观社会特征的关系,忽略了说话者的主观情感、价值观念和动机取向的重要性,而言语调节理论的诞生很好地解决了这一问题。因为言语调节理论不仅研究语言变体的形式,还关注形成这一语言变体的驱动因素(Giles,1980)。也就是说,言语调节理论认为语言变体与客观社会特征有关。此外,说话者的主观情感、价值观念和动机取向等因素同样不可忽略,因为这些因素在语言变体中同样发挥了非常重要的作用。近年来,言语调节理论不断发展,现已成为社会语言学中的重要理论之一。这一理论成果的丰富不仅增加了考察文化内人际交往中语言使用的维度,同时适用于分析跨文化交际中的语言使用。

根据Howard Giles的言语调节理论,交际者主观上的情感、价值以及动机等因素对确定语言行为起着重要作用。例如,说话者在面对长辈、同辈和晚辈时,其语言行为表现会不同。面对地位比自己高的人或长辈时,为了给其留下良好的印象,获得对方的认同,说话者无论在发音、用词还是语速、语调方面,都会与面对好友时使用的发音、用词、语速和语调不同。此外,面对长辈和同辈或晚辈时,说话者的语用表现同样存在差异。面对长辈和地位高者时,其更倾向于遵守合作原则、礼貌原则和面子原则等语用规则;面对同辈或晚辈时,说话者则根据自己与对方关系的密切程度,调整语言使用的各个方面。这均体现了说话者在面对不同的交际对象时,对自己的言语或者话语进行了一定程度的调节。Jones(1984)发现,流利的双语者对与其对话的二语学习者经常进行趋同调节,甚至有时无意识地使用和二语学习者相似的语法错误,以表示友好。

一、交际调节的理论内涵

交际调节理论的核心在于,说话者根据交际目的和与其对话者的语言、身份、地位、双方之间的关系等因素对自身语言进行调节。在不同语境中,说话者对话语进行不同程度和种类的调节,如果在某种语境下说话者将自身话语调节到与对话者的语言近似,则被称为"趋同现象"(convergence)。例如,当人们进入一个新的团体或组织时,首先想得到的是大家的认可和接纳，该情况下，人们一般选择"趋同"调节，在语言使用上取得与其他成员之间的相似性，并获得好感和认同。例如，AlEssa（2008）考察了移民到沙特阿拉伯吉达地区的纳吉迪语母语者使用交际调节的情况。吉达地区的通用语言是阿拉伯语，AlEssa 考察的变量是年龄、性别和与当地人的接触时间。结果显示，纳吉迪语母语者在语音和词素方面对阿拉伯语做出了趋同调节。此外，与当地人接触的时间越长，交际调节量越大。同时，研究发现，言语趋同的发生具有自动性[①]（Delvaux & Soquet，2007；Babel，2009）。例如，Lewandowski（2012）发现，即使英语母语者被告知不要改变发音以迎合非英语母语者的英语口音，英语母语者与德国英语学习者交流时仍然无法避免趋同调节。Delvaux & Soquet（2007）指出，除非受到社会心理因素阻碍，如故意远离某社会群体，说话人将自动对对方的语言进行语音调节，即调整其语音的实现形式。例如，Nielsen（2014）考察了学龄前儿童、小学三年级儿童和成人对于 VOT[②] 的趋同调节。研究发现，即使不要求被试进行模仿，三种被试均对 VOT 进行了趋同调节，而且儿童的调节量是成人的两倍。

与趋同调节相对，如果在某种语境中，说话者把自身话语调节为与其对话者的语言相异，这样的调节被称为"趋异现象"（divergence），即说话者有意与对话者的语言使用保持距离，拒绝模仿对方的言语风格。

先行研究发现，交际调节主要表现在对语音、语调、重音、语速、句法形式、用词以及话语风格等方面进行调节。在实际交际中，交际者一般遵循利益最大化原则，即在权衡得失后，做出能够获得最大益处同时又能避免最小损失的调节。也就是说，说话者会在言语趋同和言语趋异间做出选择，以求达到交际的最大收益（付萍，2007）。

如果说话者不向对话者的方向调整自身语言或者向相反的方向调整，就会出现"言语趋异"（speech divergence）。例如，Bourhis & Giles（1977）进行了一项有趣的研究。研究中，一位英语口语浓重的英格兰人质疑一群学习威尔士语的威尔士人时，威尔士人通过使用更多的威尔士词

[①] 自动性是指其发生无需被试的意识参与和被试的注意。
[②] VOT，英文全称为 voice onset time，中文有"嗓音起始时间""浊音起始时间""发声起始时间""声带震动起始时间"等各色缤纷的译法，大抵翻译仅襄阐释不做正名，称呼提举处多直引字母缩略形 VOT。VOT 的具体含义也不完全与字面吻合，其实际所指为：某一辅音从除阻的一刻到声带开始震动所经过的时间。

语和威尔士语口音,对自身语言进行趋异调节,以扩大和对方语言的差异。当然,除趋同调节和趋异调节之外,说话者也可以不对语言进行任何调整,即说话者坚持自己的言语风格,该情况被称为"言语保持"(speech maintenance)。说话者对自身语言特点进行保持,以体现言语特点和话语风格。在一定程度上,"言语趋异"和"言语保持"有交叉之处,两者类似。说话者一般根据不同的交际语境和交际目的,采取"言语趋同""言语趋异"或"言语保持"。因此,三种情况本身没有优劣之分,而在语言的动态系统中,三种情况均有可能出现。

除了根据调节方向对交际调节进行分类之外,交际调节还可以分为短期调节和长期调节(Trudgill,1986)。在某种场合,说话者依据对话者的言语特点和交际目的,对自身语言进行暂时性调整,这样的调节被称为短期调节。例如,商场导购人员一天中会遇到不同的顾客,而这些顾客可能有着不同的文化背景、言语风格和价值观念。因此,为了成功实现购物交易,导购人员必定会根据不同顾客的言语风格等选择短期交际调节,拉近与顾客之间的社会心理距离。换句话说,导购人员不仅采取"见什么人说什么话"的策略,还有"听人怎么说,自己怎么说"的策略,其言语风格是为顾客量身定制的。

与短期调节相对,人们也可能长期保持调节后的言语风格,即长期调节。例如,搬迁或者移居到另一个地方后,人们会有意识或者无意识地根据新环境中人们使用的语言,对自己的言语进行调节、模仿或者新学当地的语言。随着居住时间的推移,这些新移民在说话时会无意识地带有当地的语言特色,无论是用词方面还是音调方面,尤其是儿童的调节更加明显。

二、交际调节的社会心理学理论基础

交际调节理论作为社会语言学理论之一,产生和发展依赖于四种社会心理学理论,即相似吸引理论(Similarity Attraction Theory)(Bryne,1969)、社会交换理论(Social Exchange Theory)(Homans,1961)、动因归属理论(Causal Attribution Theory)(Jones & Davis,1965)和(保持本集团特色理论或者)群体间区别理论(Inter-group Distinctiveness Theory)(Tajfel,1974)。这些社会心理学理论与交际调节理论有着密不可分的联系,可以被看成交际调节理论的子理论。Howard Giles 融合这些社会心理学理论,建立了系统的具有伞状特色的交际调节理论,以便更好地解释言语和非言语现象。

首先要阐明的是相似吸引理论。简单地说，"相似吸引"和"趋同"有着异曲同工之处。Giles依据这一理论解释人们在交际活动中出现的言语趋同现象。相似吸引理论认为，在交际活动中，说话者和对话者的言语风格、价值观念和情感态度越相似，对话者越容易被说话者所吸引和得到对话者的认同（Bryne，1969）。Giles认为，如果说话者想获得对话者的赏识和赞同，必然要调整言语交际策略，采用"言语趋同"方式缩短与对话者的社会心理距离，从而成功实现交际目的。因此，说话者越想得到对话者或者社会的认同，越容易"趋同"。相似吸引理论对社会生活中的语言使用具有很强的解释力，例如，在人际交往中，无论对话者是谁，人们普遍存在对认同感的追求。特别在服务行业中，在"客户至上"理念的驱动下，服务人员为了获得顾客好感，采取趋同策略。然而，言语趋同或趋异取决于交际目的。一般情况下，人们在快速地对趋同或趋异做出成本效益分析后，会根据交际目的选择最佳的言语行为。当人们认为"趋同"使自己失去独立性，或者人们认为不必牺牲自己的言语特色以求得相似时，为了保持自己的社会身份和群体特征，人们会权衡利弊与得失，在言语趋同和言语趋异间做出选择。这样的言语行为过程体现出社会交换理论内涵，例如，人们与别人交谈时，有时会感到自尊心受损，面子受到威胁，这时人们会采用巧妙的交际策略（如刻意曲解等）进行趋异调节，这样做既能维护自己的积极面子，又不会使气氛尴尬。

动因归属理论认为，人们对他人的言语行为，不论是言语趋同还是言语趋异，总在进行"表面化"评估，以探寻这一言语行为背后的动机和目的，并通过分析动机和目的，归属其言语行为的原因（Jones & Davis，1965），或者人们经常自问他人为何会做出某一行为。例如，走在街上，如果遇到有人向自己搭话，说赠送某种产品时，人们总会怀有提防心理，揣测对方用意，怀疑表面免费送，背后有附加费。从这个案例可以看出，人们在寻找"免费送"背后的动机，然后做出理性判断和解释，实施相应的言语行为。动因归属不仅发生在非语言行为中，在语言行为中也存在类似的过程。在大多数情况下，年轻人与老年人讲话时常常有意无意地将声音抬高，因为其头脑中存在"刻板印象"——老化使老年人听力减退，提高音量能够让老年人听得更清楚。然而，对听力完好、认知水平保持较高的老年人来说，这种语言行为可能会适得其反，因为这部分老年人会认为对方对自己提高音量的原因是觉得自己老了，从而自尊心可能受到伤害。

最后，群体间区别理论认为，不同社会群体的成员对社会存在价值在群体之间具有各种比较，他们认为种族集团只有更多地保持自己的特征，才能获得更大的社会威望（Tajfel，1974），因此，他们在各个群体之间进行比较，而不是消除差异（马丽，1998）。例如，我国各个民族在服饰、发型、语言、生活习惯以及民俗风情等方面各不相同，有着自己的特点。同样，我国也有多种方言，不同地域的方言各具特色。老乡与老乡相遇，总喜欢用自己的方言对话，因为方言拉近了彼此之间的心理距离，使双方觉得分外亲密。如果几个老乡一起在外工作，总会在彼此危难之际搭一把手，显现出他们群体的团结。该理论也能很好地解释为什么会有"老乡见老乡，两眼泪汪汪"的说法，以及会有"同乡会"的组织。

众所周知，美国黑人与白人在语言使用上存在众多差异。基于这一理论，Giles（1980）考察了黑人英语与标准英语之间的距离不断加大的原因。他指出这是由群体间的区别所造成的。两个群体都在按照自己的价值标准，以一种最佳的方式使自身在心理上有别于对方。再如，两家公司进行商业合作时会派出各方代表进行洽谈。此时，双方交谈不仅是简单的两人对话，他们还代表各自公司的立场和形象，在交际中，双方代表均从各自公司的利益出发进行交际调节，必要时要保持各自公司的特征。同样，对于身处异国他乡的留学生来说，其个人行为不仅代表个人，而且体现着各自国家的整体形象和国民性，其语言也能够反映各自国家的文化和价值观。

目前，交际调节现象最有力的理论解释为相似吸引理论。然而，研究者们发现，除了模仿对方话语之外，交际调节还包含一些无法用相似吸引理论解释的现象。对此，Coupland & Giles（1988）在言语调节理论（SAT）基础上提出交际调节理论（CAT），以弥补言语调节理论（SAT）的不足。为了和言语调节理论中的调节（accommodation）进行区分，交际调节理论经常使用"协调"（attune）一词。交际调节理论认为，交际调节除了包括对对方话语的模仿之外（如句子长度、停顿、语速、重复和发音等），还包括解释策略（如降低语速、延迟回答、使用意义理解核实问句和延长停顿等）、话语管理策略（如谈话主题的选择、面子维护和话轮的掌控等）和人际管理策略（如称呼语的使用、对话题或问题的响应程度、礼貌用语的使用等）。总体来说，交际调节理论的目的是要"解释各种社交场合中人们言语风格变化的动机以及这些变化所带来的社会后果"（Beebe & Giles，1984），以弥补过去社会语言学只偏重"描写"言语变化而忽略"解释"变化的严重不足（袁义，1992）。

三、实际语境中的交际调节行为

由上所述，不难看出人们在交际过程中或多或少会进行交际调节，趋同还是趋异随会话语境和文化语境而不同。以上四个子理论作为基础理论，不仅成为交际调节理论的理论基础，而且融为整体对交际调节现象的动因进行解释。在现实的言语交际中，人们总是揣摩对话者的言外之意或者会话隐含（Conversational Implicature），并根据对方与自己的关系、年龄、性别、身份、地位、权利以及交际目的，在"趋同"还是"趋异"中做出选择。特别是在跨文化交际中，由于语言文化的差异，交际者特别需要采用交际调节的办法，使交际达到最佳状态，从而成功有效地达到交际目的。例如，当中国英语学习者与英语母语者交流时，会更多地尊重英语母语者的文化和风俗习惯，在与其打招呼时会进行思维转换，为了不触碰让对方感到敏感的话题，不再像和中国同伴打招呼时问"你吃了吗？"（Have you fed yet？）"你去哪儿啊？"（Where are you going？），而是会说"How are you？"（你好吗？）等。同样，来中国学习汉语的留学生与中国人交谈时也会入乡随俗，根据中国人的习惯调节其谈话话题和遣词造句等。这就是文化语境中的趋同，或简称"文化趋同"（Cultural Convergence）。

在中外商务洽谈中，译员要在言语趋同和言语趋异间做出选择。例如，来自中国和日本的两家公司进行商业贸易洽谈。接近结束时，日方公司要祝愿其中方合作伙伴及中方公司员工健康长寿，他们会选用"龟（kame）"（乌龟）一词表达，因为在日本，"龟"是吉祥长寿的象征。然而，为避免不愉快，译员不能直译，而要进行趋异调节，译成"寿比南山"才能使洽谈顺利。这就是文化语境中的趋异或"文化趋异"（Cultural Divergence）。

由此可见，交际调节发生在语言生活的方方面面，促进交际双方的互相理解与沟通，从而提高交际效率。那么，中国人与在华留学生对话交流时是否存在交际调节以及如何进行交际调节呢？汉语母语者与汉语学习者进行口语交流时是否有意识地对自己的语言进行调节？如果发生调节，汉语学习者在语音、词汇和句法使用上同汉语母语者有何不同呢？汉语母语者使用的交际调节策略有哪些？本书将基于这些问题，重点探讨汉语母语者与汉语学习者对话中的交际调节现象。

第二节　交际调节研究

一、交际调节与母语习得

日常交际中，人们根据语境因素和交际目的的不同，进行不同程度的交际调节。目前，大量研究考察了语境因素包括的具体内容、交际调节发生的语言层面以及交际调节对交际产生的影响等。早在1975年，Ferguson进行了一项针对交际调节的研究，他让大学生被试想象自己与外语学习者对话，并对句子进行改写。结果发现，被试对句子进行了省略、扩展和替代三种改动。此外，研究者采用不同语言试图验证Ferguson（1975）的发现，如法语（Valdman，1977）、日语（Sokolik，1987）、德语（Meisel，1975）和西班牙语（Sokolik，1987）等。这些研究均发现，本族人对外国人使用的语言（简称外国人指向语）具有非语法性的特征。

Ferguson指出，外国人指向语是母语者对语言水平较低的外语学习者使用的一种简化的语体（Ferguson，1975）。然而，这些研究中的实验方法过于机械化，采用更加自然的方法考察外国人指向语的研究结果与这些研究结果不一致，即研究者们发现外国人指向语中不符合语法的句子很少，母语者更多地在话语层面进行交际调节，如大量重复、降低语速和更多地使用简单句法结构等（Freed，1981；Lattey，1989）。Arthur等人（1980）发现母语者与外语学习者进行电话交谈时，没有使用不符合语法的句子。Bingham（1996）对外国人指向语中的交际调节方面进行了总结，具体见表1-1所示。

表1-1　外国人指向语中交际调节方面与调节内容

调节方面	调节内容
语音调节	1. 降低语速 2. 增加重音和停顿 3. 夸张的发言 4. 夸张的语调 5. 不使用缩略形式

续表

调节方面	调节内容
形态、句法调节	1. 缩短句子长度 2. 简化句子结构 3. 多采用典型语序
话语调节	1. 对话时长较短 2. 更多使用疑问句 3. 话语更加局限于当下 4. 话题范围较窄 5. 更多的重复 6. 经常出现话语修正 7. 经常进行理解核实（Confirmation Check） 8. 经常进行澄清请求（Clarification Request）

由表1-1可见，母语者与外语学习者交流时，在语音、形态、句法和话语层面进行众多调节。总体来说，这些调节内容均能够降低语言的复杂程度，如缩短句子长度和简化句子结构等，其目的在于帮助外语学习者更好地理解母语者的话语，使交际过程更加顺利，更容易达成交际目的。此外，研究者们普遍认为，母语者对外语学习者使用语法和话语调节的目的是帮助外语学习者更好地进行话语理解（Adams，1998；Bingham，1996）。正如Krashen（1981；1985）提出的可理解输入（Comprehensible Input），只有外语学习者能够理解外语输入时，外语习得才能够发生。早期二语习得研究考察了母语者和外语学习者对话中的语言调节（Arthur，et al.，1980）。后来，相关研究不仅考察语言层面的调节，也对交际策略进行了研究。然而，Skoutarides（1988）发现，对外语学习者进行交际调节没能促进外语学习者的意义理解，因为母语者的调节使句子变得更加复杂和难懂；也有研究者发现，有些母语者不愿意对外语学习者进行交际调节，因为这些母语者认为进行交际调节需要努力思考如何调节和调节的程度等，这样做会增加认知负荷，使其与外语学习者交流成为一种负担。

影响母语者对外语学习者使用交际调节的因素主要有：①与外语学习者交流的经验；②外语学习者的语言水平；③外语学习者的身份；④母语者性别。例如，Chaudron（1983）发现经常与外语学习者打交道的母语者比很少与外语学习者打交道的母语者能更多地对自身语言进行交际调节。此外，Freed（1981）发现外语学习者的社会地位越低，母语者越容易对其使用交际调节。性别也是影响交际调节的一个重要因素,女性母语者比男性母语者更倾向于使用长句和复杂句式。然而,对外语学习者使用交际调节是否对其有利,一直是一个具有争议性的问题。一部分学者认为,使用外国人指向语是母语者对外语学习者采取的一种居高临下的态度,会阻碍外语学习(Ferguson,1975);另一部分学者则认为,外国人指向语中语法很少出错,调节主要发生在句法和话语层面,因此,外国人指向语具有积极的意义。例如,韩国英语学习者听英语母语者讲故事时,对其使用句法和话语调节的英语母语者评价更高(Adams,1998),其认为使用了交际调节的语言,使其能够更容易理解英语故事内容。

二、年轻人与老年人对话中的交际调节

长久以来,老年人的刻板形象是行动迟缓、语速减慢、声音微弱、听力视力减弱、理解力下降和交际能力受限等。人们普遍认为随着年龄的增长,人的身体在不断衰老,认知和语言能力也在不断下降。因此,年轻人在与老年人进行交际时,由于发现老年人行动或语速缓慢,年轻人常常对老年人使用交际调节,即试图通过降低语速、提高音量、少使用流行词语等,以期帮助老年人更好地完成语言交际。然而,不同老年人的语言认知能力也不同,年轻人是否应该对所有老年人使用一样的交际调节?调节程度过大,即过度调节是否会给老年人带来不快或烦恼?所以,年轻人在与老年人交流时,如何进行交际调节以及调节的结果如何均需要研究考察。针对这一系列问题,国内外相关学者开展了大量研究。

Kemper(1994)指出,老年人的年龄变化使得人们认为他们在各方面的能力下降。这种错误的观念常常导致老年人的交际机会受限,最终损害了老年人的自尊心,久而久之使其参与社交活动的意愿降低;越有这样的心理越会使老年人不参与交流,导致恶性循环。对此,Kemper从心理语言学的角度展开老年人指向语研究,其在实验中安排10名服务人员和10名护理人员,分别与年轻人组和老年人组进行交谈,通过录音转写的方式记录和分析对话中出现的"老年人指向语",即年轻人对老年人使用的、带有交际调节的语言。实验结果显示,服务人员和护理人员在与老年人组进行交谈时会缩短言语长度,降低言语复杂度,他们更多地使用片段语,或者使用长度较短的词汇,还会进行较多的重复,并降低语速。结果表明,年轻人与老年人交谈时会进行交际调节,使用"老年人指向语",即在句

法难易程度、信息密度、词汇选择、对话结构的组织、语速等方面进行调节。

此外，有研究考察对老年人进行交际调节对老年人意义理解的影响。Wingfield & Stine（1986）将实验对象分为青年组和老年组，并要求其完成听力后回忆任务。听力材料在语言复杂度上存在差异，同时播放速度也因人为调节而不同。研究发现，当播放速度为正常或者稍快时，老年人能够恰当地切分语言意群并准确回忆这些片段。然而，随着播放速度的加快，老年人虽然仍能恰当切分意群，但是短时记忆开始减弱。

另外，与年轻人相比，老年人更加依赖于语言的音韵。Wingfield, Lahar & Stine（1989）通过实验得出类似结论，表明语速和语言的音韵会影响老年人的会话理解能力。McGuire 等人（2000）考察了老年人指向语和记笔记是否可以帮助老年人更好地记录医生的诊断。研究发现，老年人指向语能够帮助老年人更好地记住医生的诊断。此外，当老年人记笔记时如果观察到对方对自己使用老年人指向语，其之后对诊断信息内容的回忆更好。

以上均为国外针对老年人交际调节的研究。近年来，我国也出现了针对老年人交际调节的研究。例如，姜帆、曾凡姣（2017）采用电话录音分析方法，考察年轻人与老年人电话交谈时年轻人对老年人进行的交际调节。该研究主要对比分析年轻人和老年人产出话语中的 8 个方面：①句子平均长度，即每句话中包含的词语数量；②每 100 个词语中语气词的数量，如"嗯""啊"等；③片语句和完整句子的百分比（片语句指不完整的句子，如缺少主语或宾语等）；④每 100 个词语中连词，如"虽然……但是……""因为……所以……"等的数量；⑤重复句子的数量；⑥语速，即每分钟产出的词语数量；⑦暂停持续时间，即话轮转换时句子和句子之间的停顿时间；⑧一般疑问句的数量。该研究结果发现，年轻人和老年人在句子平均长度、语气词的使用、片语句和完整句子、连词的使用、重复句子、语速、暂停持续时间和一般疑问句的使用上均存在显著差异，这说明年轻人与老年人对话时会充分考虑老年人的语言和认知特点，为缩短与老年人之间的心理距离，增加沟通流畅性，会采取言语趋同的方式，旨在促进老年人的意义理解，增加与老年人的情感亲密度。然而，年轻人有时过度使用交际调节，如称呼老年人时不直接称呼其名字，而是用"Honey"（亲爱的），甚至使用宠物的名字（昵称）、过度减慢语速、提高音量、反复重复某些词语、使用夸张的重音和大量使用祈使句和疑问句等。这种类似和幼儿说话的方式，经常会对老年人的身心健康产生不利影响（Cavallaro，et al.，2016）。例如，Herman&Williams（2009）发现，患有老年痴呆的老人经常对向其使用老年人指向语的护士大喊大叫，表达消极情绪。因此，他们提出，与老年人打交道的人，特别是养老院的护理人员，应减少老年人指向语的使用。

三、成年人与儿童对话中的交际调节

上述研究表明年轻人与老年人对话时进行交际调节时，人们对老年人会采用"baby talk"（儿童对话）的方式进行交流。正是基于这样的认知，人们或多或少会把老年人看成小孩，称作"老小孩"，倍加关爱。因此，不难理解人们为什么在会话中要像对儿童说话一样与老年人进行交流。人们与儿童对话时会进行有意识的交际调节。从心理学角度来看，儿童的心智发展不成熟，认知水平有限，理解事物和逻辑思考能力较低。成人为了更好地与儿童进行交流，常进行言语趋同调节，使用儿童指向语（Child-directed Speech）或幼儿指向语。目前，学界已有大量研究考察了儿童指向语的动因、调节方面和作用。例如，Uther等人（2007）对比两位英国母亲对自己孩子、其他两名英国成年人和两名外国人使用的话语。结果发现，与成年人讲话相比，其和幼儿、外国人讲话时元音发音更加清晰；对幼儿使用的音调比对外国人和英国成人使用的音调更高。最后，其对儿童说话时，话语中蕴含的积极情绪比对英国成年人更多，而对外国人使用的话语中积极情绪最少。

Foursha-Stevenson（2017）考察了儿童指向语在不同发展阶段中的功能。研究发现，儿童指向语在儿童早期发展阶段中对于词汇习得和句法理解方面的帮助作用更大。此外，儿童指向语中夸张的元音时长（Werker, et al., 2007）和提高的音调（Trainor & Desjardins, 2002）能够有效地帮助儿童在大脑中对语音输入进行范畴化。那么，儿童在与不同的人进行交流时是否也会进行交际调节？就这一问题，国内外学者开展了多项实证研究。例如，Beebe & Zuengler（1983）发现泰国华人儿童会根据谈话对象是否与他们同属一个种族，表现出音位变化。袁义（1992）选取了3名随父母到英国剑桥生活的美国儿童：丽贝卡（15岁）、克里斯（11岁）和基蒂（9岁），并收集他们在英国生活半年后的录音材料。该研究中设置了三个不同场景，旨在找出儿童从美国移居到英国后，美国英语是否受到英国英语影响而发生变体，如果发生变体都会表现出怎样的变体形式，这些语言变体的程度是否与儿童的年龄有关等。

儿童按照场景要求与自己的父母、老师、同学以及朋友进行半小时的自由对话,同时实地录音。研究结果发现,丽贝卡的英语表现出英音,表明交际调节的迹象。此外,她同美国人讲话时使用的英国音最少,体现出相似吸引理论或者群体间区别理论。然而,同样面对外国人时,克里斯和基蒂却表现出不同的调节,即他们更多地采用言语趋异调节,体现其潜意识中存在"保持本集团特色"的动机。此外,基蒂的调节程度大于克里斯。实验还发现交际调节的程度与年龄有关,即年龄越小,长期交际调节平均值越高,而8岁为临界年龄。关于交际调节的程度与年龄问题,Trudgill(1986)对两名7岁时移居澳大利亚的儿童开展了交际调节研究。研究结果发现,两名儿童使用澳大利亚式英语,但他们的调节程度并不相同。该研究指出,新方言的习得随年龄的增长而减缓。从国内外研究可见,儿童在与人们交流时也进行交际调节。儿童交际调节程度与年龄有关。然而,这些研究均为双方的对话交流,而没有考虑到3人或多人交际时儿童的交际调节使用情况。此外,先行研究也未考察成年人和儿童在交际调节动机上的差异。

四、外语学习者与外语母语者对话中的交际调节

在交际调节理论中,Giles 关注的交际双方主要是持同一种语言的人。然而,现实中同样存在母语者和外语学习者之间的交际,且双方在语言能力和语用身份上存在差异,即母语者比外语学习者在母语者的语言上更有优势。因此,不断有研究者关注母语者和外语学习者交际中的交际调节。例如,Chen(2003)考察了美国学生分别与美国学生和东亚学生的对话。结果发现,跨文化交际中美国学生的认知压力更大,其需要做出更大努力理解对方话语和被对方理解。

Rahimian(2013)分析了加拿大英语母语者分别与加拿大英语母语者和外语学习者对话时英语元音的变化程度,以考察英语母语者对外语学习者进行的交际调节。结果发现,和英语母语者对话时使用的元音相比,英语母语者与外语学习者对话时使用的元音在时长和共振峰上更具有典型性和稳定性,即变异性更少。该研究结果与其假设相反,即英语母语者与英语学习者交流时,并未使用夸张的元音发音,而是使用变化较少的典型发音。然而,在与其他英语母语者交流时,英语母语者的元音更富于变化,即元音时长增加,发音更加清晰。Rahimian 认为,实验中英语母语者有一年与外语学习者打交道的经历,因此更加清楚外语学习者在语言理解和产

出上存在的困难，为了减少外语学习者理解话语的困难，其使用变化较少的典型元音发音。而与本族语者交流时，双方之间不存在语言水平差异，因此交际压力较小，交际更为流畅，导致英语母语者使用的元音更加夸张，富于变化。

Scarborough等人（2007）指出，与儿童指向语类似，外语人指向语中的这些调节方面也可以帮助成年外语学习者习得外语。根据调节方向，James（1993）对母语者和外语学习者的交际调节进行区分。母语者可以对学习者进行向下趋同调节，即对学习者使用"外语人指向语"，也可以对学习者进行向上趋异调节，以强调两者之间的差异。外语学习者对母语者可以进行向上趋同调节，使用中介语，也可以对母语者进行向下趋异调节，使用洋泾浜语。值得强调的是，在向下趋同调节中，母语者会对其自身语言的复杂程度进行调节，以减少外语学习者的理解困难。应用语言学家认为，母语者使用的外语人指向语能够与外语学习者的中介语语法协调一致。然而，交际调节理论认为，之所以母语者对外语学习者使用外语人指向语，是因为母语者考虑到外语学习者的情感因素，即对外语学习者表示尊重，鼓励其使用外语。研究发现，母语者在与外语学习者对话时，常在用词、语速、音量等方面做出调整，以使其更容易理解自己的话语。同时，为了顺利地交流并且学到更多外语知识，外语学习者也会调节自身的言语行为，努力融入外语母语者的圈子，拉近与母语者之间的心理距离，从而实现交际收益的最大化。在实际交际中，外语学习者和母语者会根据不同的语境、不同的交际对象做出不同的交际调节，有时还要弥补信息不对称等问题，缩短因文化背景差异以及思维方式不同所造成的距离感，从而有益交际双方有效地获取与理解言语信息并顺利完成交际。

此外，也有研究者考察了课堂环境中的交际调节。例如，Trofimovich & Kennedy（2014）考察了二语课堂中学习者对话互动的交际调节。结果发现，二语学习者对对方的发音表现出趋同调节。Sand（2012）选取300名来自泰国一所语言学校的学生，其中98%的学生母语是泰语，剩下的学生来自不同的非英语国家。被试年龄从15岁到50岁，英语技能和理解水平等级从1到15。这项研究中的教师均为英语母语者。Sand通过调查问卷，让被试对所调查问题进行回答（已设置选项进行选择），并对调查结果进行分析，检验英语教师在课堂教学活动中所进行的交际调节、采取的交际调节策略倾向，以及这些调节对学生在习得英语过程中的影响。结果发现，交际调节的方式多种多样，针对不同的教学对象以及教学对象的不同认知水平，调节会有不同趋向。根据交际调节理论，在二语习得课堂上，教师在面对学生时可能进行趋同调节，也可能进行趋异调节，也可能不做任何调节。例如，授课对象不同，教师在授课时的语速也不同，教师可以对自己的语速不做任何调整，也可以放慢。有时为了达到预期的教学目标，在面对英语水平较低的学生时，英语教师会进行过度调节（over-accommodation），使用最简单易懂的语句，以期学生能够捕捉到句子中的关键词语或短语，明确教师要求和话语大意进而做出反应。这一研究在一定程度上说明交际调节理论有助于促进二语习得研究的发展，也能够更好地指导教师进行二语习得教学。

教师在口语课堂上经常会遇到学生比较被动，不能积极参与口语练习活动的现象。这一现象的成因众多，但其中最重要，也最典型的是教师在授课过程中言语风格或者语调以及在课堂上扮演角色的一成不变，导致教师无法很好地关注学生的反应与需求，无法充分调动课堂活动氛围。那么，交际调节理论是否适用于课堂教学，为教师"因材施教"，即根据不同学生的语言水平等对自身话语进行调节所用，从而提高学习者的课堂参与度呢？李宏强（2010）指出，在口语教学中，教师应当明确在何种情况下做出何种恰当的交际调节，学生才能够理解教师调节并做出积极的反应。在口语课堂上，学生的口语水平不尽相同，口语水平较低的学生会使用短句，并伴随停顿，表达也不流畅。在这种情况下，教师要做出交际调节，向学生一方做出趋同调节，即教师可以使用常见词汇以及短句与学生交流，这样做可以缩短与学生之间的距离，帮助学生克服心理障碍，建立自信心，敢于说口语。这样能够形成良性循环，学生能够积极主动地调节自己的言语风格，尽可能地模仿、学习教师的语言，在积极的互动和模仿中提高口语水平。此外，教师应根据不同场合和情况，运用交际调节理论指导学生做出不同的反应，帮助学生了解不同的场景，实现在不同语境下随时自动调整自己的言语风格，以实现成功的交际。

由此可见，不论是教师还是学生都可以在课堂互动中进行交际调节（具体表现在词汇、语音、语调、语速、音量、言语风格等方面），不论是趋同调节还是趋异调节，抑或不做任何调节。在实际交际中，外语学习者和外语母语者要根据不同的语境、不同的交际对象做出不同的交际调节，有时还要弥补信息不对等，缩短因文化背景差异以及思维方式不同所造成的距离感，这样做有益于交际双方有效获取与理解言语传达的信息并顺利完成交际。

Bingham（1996）使用问卷调查法，对160名德国学生进行交际调节研究。该研究中，研究者要求被试想象其分别与德语母语者和德语学习者进行交流。实验共分4种条件：①给被试提供德语母语者的语言文本；②不给被试提供德语母语者的语言文本；③给被试提供德语学习者的语言文本；④不给被试提供德语学习者的语言文本。然后，研究者要求被试写下其给对方的回应。结果发现，无论被试是否看到德语学习者的话语，被试对假想的德语学习者做出的回应与对德语母语者做出的回应之间存在显著差异。看见德语学习者语言文本的被试所做的语言回复比没有看见德语学习者语言文本的被试在质和量上均有显著差异。最后，看到德语母语者语言文本的被试比没有看到德语母语者语言文本的被试对德语母语者的回复中句子显著更短、更简单。尽管该研究证明了母语者对外语学习者进行了交际调节，然而，该研究使用的是问卷调查法。回答问卷时，被试有更多的时间对自己的语言进行思考、加工和修改。因此，其书面语与口语之间在众多方面存在差异，特别是在口语交流时，对话双方面临时间压力，需要在短的时间内完成话轮的转换和话语的理解与产出。因此，有必要在自然的交流情况下考察交际调节，以确保实验的外部效度。

由上述研究可以看出，母语者与外语学习者进行会话时（比如课堂会话）进行了交际调节。为了使对话者更容易理解自己的话语，母语者在对用词、语速、音量、句法结构等多方面做出调节。从心理学角度来看，母语者面对外语学习者时，由于外语学习者在语言使用上存在劣势，母语者常常对其产生同情心或同理心，在语言使用上体现出对对方的关照，即有意识地调节自己的言语行为、减慢语速、提高音量、选择用容易理解的词汇和句法结构等，以便对方能够顺利地使用外语交流，并且学到更多的外语知识。同样，外语学习者，特别是水平较高的外语学习者，也会调节自己的言语行为，使自己的语言行为更接近母语者，这样做有助于其更好地融入母语者的文化圈，拉近与母语者之间的距离，从而实现交际收益最大化。

五、汉语学习者与汉语母语者对话中的交际调节

近年来，对外汉语教学的研究主要围绕汉语语音、词汇、语法、汉字、篇章、汉外语言对比以及与汉语教学有关的文化因素展开。例如，李如龙（2014）论述了汉语的语音、文字、词汇以及语法特征，并指出语音

教学要与词汇、句式相结合，教师在对外汉语教学中要重视对汉字的教学，贯彻汉语的独有特征，加强汉外对比研究。阮静（2012）认为对外汉语教学的不同阶段应适时导入与语言学习密切相关的中国文化因素，以帮助外国学生减少跨文化交际障碍。李修斌、臧胜楠（2013）指出，虽然语言教学是第一位的，但是文化教学在整个对外汉语教学中的比重应随着教学阶段的不同，从初级到高级逐步提升，其强调语言教学中文化因素的重要性和不可忽略性。然而，国内尚未有针对汉语学习者与汉语母语者对话中的交际调节实证研究。目前，交际调节研究主要关注老年人、儿童以及西班牙语、日语等外语学习者。这些研究共同发生在社交环境中，被试都进行了一定程度的交际调节（无论是趋同调节还是趋异调节）。母语者与外语学习者交流会有意识地对自己的言语进行调节。例如，在外教课上，外教在讲授新知识时，会有意地降低语速，对难以理解的词语进行 paraphrase（释义），尽量用学生熟悉的词汇重复讲解，甚至会配上非言语的行为，声情并茂地进行演示。同样，在对外汉语教学中，对喜爱中国文学或者文化的外国人来讲，"化难为易"不失为一个好办法。由于对话者文化背景不同，其思维方式和认知范畴也存在差异。可以假设的是，对外汉语教师在教授汉语时，为了达到预期的效果，也可能采取不同的方式调节自己的言语行为，尤其是在讲授一些抽象词语或者文化内涵深厚的词语时（如汉语成语和习语），其可能会采用多种方式调节自身话语。那么，对外汉语教师究竟如何进行交际调节；汉语母语者与汉语学习者进行口语交流时是否有意识地对自己的语言进行调节；如果发生调节，汉语学习者在语音、词汇和句法的使用上同汉语母语者有何不同；交际调节理论是否能够促进汉语学习者的意义理解等问题，均需要实证研究的考察。

目前，针对在华留学生与汉语母语者交流的交际调节研究尚属于起步阶段，这是由于学界一直以来强调汉语的语言本体研究，以及对外汉语教学中的文化研究等导致的。本研究基于交际调节理论，在梳理国内外现有研究基础上，采用实验研究方法，考察汉语母语者与汉语学习者对话中的交际调节、调节的影响因素和交际调节的作用。

第三节　会话分析与汉语学习者口语研究

一、会话分析的目的

会话是发生在两人之间或两人以上多人之间的口头交流活动。会话是人们日常交流的基本形式，是实现人类语言最重要的功能之一。从传统意义上来讲，语言的加工经历独白—呈现—话语接收的过程，要比维持一个会话更加直接（Garrod & Pickering，2004），因为会话是参与者之间相互作用和配合的过程。会话的具体意义是"交流"，对此，Shannon（1993）提出一个生动的模型用于描述信息源与接收终点的信息传递通道。在该模型中，Shannon提出一个已知的信息源，如字母、标点符号或者短语。由于人类交流经常依靠上下文，将得到的信息具体化，所以假设A接到朋友的电话（信息源），而A的朋友要乘火车去某地，那么此时A的潜意识里所期待接收的信息将会是"我上火车了"或"火车已经开了"或"火车晚点了"。从这个假设可以看出，由于这个信息传递通道可以为人们提供多种未知信息的可能性，因此信息传递通道是非常高效的。而在日常生活中，会话能够提前预知多种可能的信息。只有在会话中，我们才能学到新的观念，分享和启迪知识，并且得到肯定。

就会话产生的过程，简单来说，可以概括为6个方面：①打开交流通道；②交流双方或多方有相互交流的意愿；③构建意义；④交流双方或多方在交流过程中获得新消息或想法；⑤达成一致；⑥有行动或交易。可以看出，会话是说话人与听话人之间互相维持话轮的产物。如果说话者要延长会话时间，可以在所说句子里加入词、短语或者从句，话语的长度和意义最终会在说话者与听话者之间形成一个动态的互动过程（Goodwin，1979）。

鉴于会话的重要性和其内在的复杂性，已有大量研究围绕会话分析展开。话语分析的一个重要研究方向是会话分析（Conversation Analysis），指用社会科学的方法描述、分析或理解会话（Sidnell，2011）。会话分析始于20世纪60年代，大量研究者采用会话分析方法开展研究，如Goffman（1983）、Garfinkel（1974）、Brantmeier（2013）、Hutchby & Wooffitt（2008）等。

Goffman（1983）最先将社会学的注意力转移到"情景"。情景指人们在日常生活中与他人互动的行为。经过一系列分析，Goffman试图将这些"情景"阐释为一种有规律的、系统的活动。Goffman（1983）坚持认为人与人之间的互动是一种"互动顺序"，并形成一种社会制度，例如，面对面交流的互动形式以及合作的互动形式，是其他社会学家和其他学说研究社会制度的基础。医院和法庭等都是不同形式的社会互动环境，他们率先将社会学和人类学应用到实际的社会互动中。Goffman认为面对面的交流本身也是一种制度，并且是其他社会活动的基础。会话分析为会话活动提供了一个合理描述，同时，会话分析本身也是会话活动的解释。这种解释通常以社会组织的本质以及社会秩序为基础（Wetherell，1998）。

会话分析研究的不仅仅是会话，还包括互动用语。会话涉及语言，实际上，会话是语言的口头实例（Bilmes，1988）。会话分析的目的是将人类社会生活描述、分析和理解为一个构成特征（Sert & Seedhouse，2011）。会话分析来自民族方法学，并有自身的准则和程序，着眼于由谈话产生的行动。会话分析主要从两个方面进行研究：话轮与毗邻对。其中，话轮用于表示两个方面的意义：一是指在会话过程中的某一时刻成为说话者的机会；二是指一个人作为说话者时所产出的话语。会话分析是从双方一轮一轮的交谈中找到话轮转换模式、谈话顺序、专业化程度，以及在话轮不断交替的谈话过程中，对话双方在此基础上实施的相关程序或动作（Maynard & Clayman，2003）。

在对于毗邻语对的研究中，根据Sacks等人（1974）的观察，一个问题提出之后需要有一个回答，形成一对相互毗邻的句子，这一对有着某种特殊会话序列的句子就是毗邻对。比较典型的毗邻对为问题—回答型，也有其他类型的毗邻对，如赞美／请求／指令等（Heritage，2008）。会话分析旨在探讨互动式会话话语，运用会话分析理论对日常生活情境中的话语进行系统分析。

二、会话分析的主要方法

会话分析的方法主要有两种：一种方法是观察、记录日常会话，并加以分析。日常会话的真实性是会话分析的灵魂所在。记录下来的日常会话虽然杂乱无章，但对其进行话语分析，可将其转化为有研究价值的领域。其中，收集日常会话语料的方法有访谈法、问卷法、调查法、电话谈话法等。当然，保证语料真实性的科学方法是录音法，或者录像法。如果是进行书面语篇语料分析,则可以通过期刊报纸、学术论文、小说作品等渠道获得。另一种有效的方法为观察法和记录法。Sacks等人(1974)从对自杀预防中心的电话录音研究开始了社会学研究。随着研究的不断深入,Jefferson(2004)发明了一套转写符号,这套转写符号是会话分析的基础。

会话分析是社会的"自然观察学科",并将社会活动的细节严肃、正式地加以处理(Seedhouse,2005)。会话分析研究者最初的兴趣与纯粹的语言学家最初的兴趣不同,会话分析最初着眼于社会活动,而语言学家初始的兴趣在于语言。因此,会话分析将语言看作依赖于实际应用的自主系统,不像语言学家,将语言看作一系列词汇及语法选择而完成社会活动。进而,会话分析的研究方法与语言学的研究方法不同。会话分析研究自然发生并发出声音的互动。Psathas(1995)认为,会话分析研究的是社会活动和秩序的一种组织,这种组织和秩序是由互动者在原地发出的,并以此为方向,称之为主位研究视角。

会话分析的方法论派生出大量、广泛的专业性研究(Drew & Heritage, 1992; Sarangi & Roberts, 1999; Richards & Seedhouse, 2005; McHoul & Rapley, 2001)。会话分析所涉及的场景要求,包括合法的倾听、新闻采访、医患问诊、急救中心电话服务、服务热线、心理咨询等。此外,会话分析也需要语境,Bowles(2006)提出会话分析是一个合适的但被忽略的专业语言(Language for Specific Purposes),他区分了不同的语言排列顺序的必要性。在他看来,语言是执行这些不同且是一种辨别、解释和实践的方法。这些将会导致排列信息为某一具体语言做出调整,使结果进入一种专业语言。

一直以来,会话分析被认为与语言学所应用的典型方法论有很大不同。Freeman(2000)认为:会话分析还没有成为二语习得的中心,因为其本体论和认识论与主流思想不同。因此,清晰地认识会话分析属于哪种方法论至关重要。会话分析需要发展成为一种有时与主流方法论不一样的程序。会话分析研究将分析结果呈现出来,使分析过程变得更加透明,从而使读者可以亲自分析数据和检测分析的程序。

三、母语者与外语学习者对话的会话分析研究

在与汉语学习者交流中会发现,即使学习者的汉语水平达到中级或高级,并且在声、韵、调方面没有特别明显的问题(张寒随,2011),在实

际交流与互动中也会产生各种误解、表达不清和无法让汉语母语者理解其意思的情况（Bu, 2010）。即使学习者汉语的声、韵、调等方面掌握得很好，且语法正确，母语者还是能够立即识别其外国人口音。以汉语母语者为参照标准，对中级或高级汉语水平学习者的汉语实际使用情况进行考察可以发现，汉语学习者与汉语母语者在语言的各个层面存在差异，并且持同一母语或同一语系的汉语学习者在学习汉语过程中表现出的语音特征和语音错误或是语法错误等非常相似，具有共性特征。

例如，韩国汉语学习者在说汉语时常在动词和介词后出现停顿，并将句中有些音节拉长（Kondo-Brown & Brown, 2008）。日语学习者对于介词的使用也与汉语母语者显著不同（Chikamatsu, 1996）。由于学习者，特别是成年二语学习者的母语语言系统已根深蒂固，在学习第二语言时，其二语会受到母语的干扰和负迁移，使其二语带有母语特征。语言迁移是学习者在学习和使用第二语言时，借助母语学习、表达想法的一种现象。如果母语的语言规则与第二语言的语言规则一致，母语规则的迁移会对目标语起到积极影响，即正迁移（Jarvis & Pavlenko, 2008）；如果母语的规则不符合目标语的习惯，会对学习者产生消极的影响，则称为负迁移（姜帆，2016）。

语言迁移能够解释不同民族和文化之间的语言接触和语言变迁。例如，中国英语学习者在初学"there be"句型时，会很容易地在会话或表达过程中将"there be"句型表述为"there have"，因为汉语中表达"某处有某物"时会用"有"这个字。因此，在讲英语时，英语学习者自然地用"have"表达"有"的概念。此外，日语中没有卷舌音，所以母语为日语的英语学习者在发卷舌音时，大多数会比较吃力（Ohata, 2004）。

每一名外语学习者的口语表达都在一定程度上带有母语的痕迹。英语被普遍认为是重音节拍的语言，具有更复杂的音节结构（O'Seaghdha, et al., 2010）。相对于英语而言，汉语的音节结构相对简单。汉语母语者与汉语学习者在母语上存在差异，在双方对话中，汉语母语者能够发现学习者所讲的汉语在语言的各个层面上表现出与标准汉语的不同之处。

在会话分析理论基础上，运用应用语言学、心理语言学、二语习得以及语用学等相关理论，深入考察母语者与外语学习者对话可使会话分析不断汲取相关理论和学科的营养，使会话分析更加深入。在应用语言学中，社会互动概念的中心思想认为，二语习得的必要且充足条件是输入以及互动。输入包含但不局限于会话参与者发出的启动句，就像在谈话的序列中需要意义商榷一样。商榷会话意思的过程被看作能够促进语言的习得。只有外语学习者能够理解外语输入时,外语习得才能够发生(Krashen,1985)。那么,汉语母语者与汉语学习者对话时,母语者如何能够为学习者提供可理解性输入,交际调节是否可以帮助母语者根据学习者的水平和出现的交际障碍提高自身语言的可理解度呢,目前尚未出现该方面的研究。

Hatch(1978)从句法结构的发展角度,提出学习者会学习如何"做"对话。当学习者处于对话时,在大环境下用语言完成行为,并且在此过程中,学习者逐渐习得语言规则。最后,由一组社会成员创造或再创造的"口语练习",被认为是不太成熟语言的基础,但学习者能够从中得到重要的社会文化信息(Wong,2000)。社会成员涉及建构、重建以及适应互动的建设资源。可见,语言是一种社会互动,需要社会成员积极参与其中,而外语学习者也是语言互动者之一。不同语言背景的人们进行交际,有利于文化交流和传播,并在自身语言基础之上积极吸取其他语言中的养料,使两种不同语言共同发展。

在两种不同的语言交流过程中,会话双方出于本能,会以一贯的思维方式和说话习惯讲话。当然,会话中也存在会话修正,即说话人在听、说以及理解过程中用于处理阻碍的一种机制。它通常包括阻碍、修正的引发、修正和结果四个部分。从类型上,它可以分为自我引发的自我修正、他人引发的自我修正、自我引发的他人修正和他人引发的他人修正。Sacks等人(1974)对会话中的修正现象进行阐释,并提出话轮转换体系与修正机制是相互协调的。当话轮转换体系中超出一人同时说话时,修正机制已开始运作起来(戴云娟,2006)。

此外,研究发现,以英语为母语的汉语学习者常常在说汉语时夹杂诸如"like""you know"等常用的口语词汇,因为这些词语在英语日常口语表达中被经常使用。说话者将这些词语夹杂在汉语中,为其思考如何用汉语表达增加时间。同样,汉语母语者也经常在口语表达中由于犹豫或为增加意义表达的思考时间,使用如"嗯""啊"等词语填充在言语之间一样。

何山燕(2010)以11名中级汉语水平的留学生为被试,考察其在口语课中与教师对话时使用的话轮转换情况。根据交际结果,研究者将话轮分为成功话轮、失败话轮和其他情况,并对各类话轮的比例进行统计。结果发现,成功话轮占全部话轮的45.52%,失败话轮占41.79%,其他情况占12.69%。最后,研究者分析了留学生的话轮使用,并指出留学生的话轮使用中主要存在过于简单、缺乏互动交际意识、缺乏适当的交际策略和话轮临近匹配失败的问题。同时，教师主导对话也是影响留学生话轮使用的重要因素之一。

四、汉语学习者汉语口语研究

口语交际是语言学习的重要目的之一。口语交际能力是评价外语学习者语言能力的重要标准。目前，我国学者从词汇、语音、流利度、交际策略等不同的角度，采取多种方法对不同水平的汉语学习者的口语开展研究。

首先，在留学生口语词汇使用方面，丁安琪、沈兰（2011）以54名母语为韩语的汉语学习者展开模拟实际交际场景的对话问答式研究。结果发现，被试对动词"在"的用法掌握得非常好，在所得的34个句子中，没有一例使用错误。然而，被试将"在"作为介词使用时存在众多结构上的问题，如介词缺漏、状语后置、方位介词多余、错用等。研究者提出，在对外汉语课堂上，教师对此类问题应加以适当强调，帮助学生掌握汉语介词"在"的使用方法。

余文青（2002）以母语为日语（$n=15$）和英语（$n=15$）的30名学生为被试开展研究。结果发现，在笔语方面，日本被试在各等级词的使用比例上均高于欧美被试（除甲级词外）。在口语方面，两组被试在各等级词汇的使用上比例非常接近。此外，日本被试的笔语甲级词少于口语，其他各级词均超过口语；欧美被试的口/笔语在各等级的分布上非常接近。该研究表明，汉语学习者口/笔语中使用的词汇等级基本相同，口语训练和笔语训练能够产生相辅相成的作用。王楠（2013）通过调查问卷和访谈的方式，对留学生三音节易混淆口语习惯用语的使用情况进行考察，并对被试的偏误进行分类和分析。同时，也有研究者关注了留学生口语的语音偏误。语言学习者的语音影响听话者对语言的理解程度，且语音习得与词汇、句法、语法习得密切相关。目前，我国学者考察了不同母语背景的汉语学习者口语的语音偏误问题。例如，刘明章（1990）发现朝鲜人学习汉语时，常常利用朝鲜语的读音规则朗读汉字，将汉字完全发成朝鲜语的读音，或者将汉字发音用近似朝鲜语发音替代。蔡整莹、曹文（2002）通过对泰国汉语学习者的录音进行听辨和声学分析，发现泰国汉语学习者在汉语声母和韵母上存在问题，认为这些语音问题导致了泰国汉语学习者的外国人口音。同时，他们指出造成学习者语音偏误的主要原因是母语和方言的影响以及《汉语拼音方案》教学过程中发生的偏误。张瑞芳（2008）从汉语声母、韵母和声调方面，对在华蒙古留学生的汉语语音偏误现象进行归纳，并利用语言迁移理论对这些语音偏误进行分析。最后，研究者提出通过运用语音对比、整体认读法以及有针对性的语音强化训练，提高蒙古汉语学习者的汉语语音学习效果。

除了对汉语学习者的口语语音偏误进行分析之外，也有研究者针对留学生的汉语语音问题提出对策，以帮助留学生提高汉语语音（叶南，2008）。例如，王茜（2014）从声母和韵母两大方面，分析美国汉语学习者的汉语语音偏误类型，并有针对性地提出相应的声母和韵母教学策略，以期提高美国汉语学习者对汉语语音的习得效果。

中村广美（2011）调查了中高级日本汉语学习者的汉语听力和口语学习策略，并提出日本学习者的特点。调查发现，绝大部分汉语学习者认为汉语听力上存在的障碍是由听力材料播放速度过快造成的。此外，其口语方面存在的问题主要是由其利用日语进行思考造成的。最后，研究者提出，日本汉语学习者需要更多的机会与汉语母语者进行交流，以提高其汉语听力和口语水平。

陈瑶（2012）通过分析菲律宾汉语学习者的录音，总结菲律宾汉语学习者的汉语语音偏误类型和特点。该研究者从母语语音负迁移、目的语知识干扰、教师与教材因素以及学习者个人因素四个方面分析其语音偏误产生的原因。最后，研究者提出一系列对策以期解决其语音偏误问题。

王安红、具旼炯（2014）通过对40名韩国汉语学习者的录音调查，考察语音同化导致的韩国汉语学习者口语的语音偏误现象。结果发现，在单音节方面，被试在舌尖后音与开口呼组合时的错误率更高，舌尖前音与合口呼组合时的错误率更高。同样，在双音节方面也存在由同化引起的语音偏误，且该偏误主要与前一音节尾的发音部位有关。

此外，有研究者考察留学生的口语流利度以及影响口语流利度的因素。例如，陈默（2013）以32名美国英语母语者（无华裔）和16名汉语母语者（普通话水平为二级甲等）的成年汉语学习者（汉语水平为中级和高级）为被试，对其展开口语研究。研究者让被试就"比较在饭馆吃饭和在家吃饭的不同"话题进行口头表达，然后使用Praat语音软件进行录音，并对语料进行标注和转写，统计流利性特征数据。结果显示，美国籍被试的口语流利性特征从中级到高级的发展是非线性的，并且其无声停顿时长和充实停顿时长容易受到性别因素和语言水平交互作用的影响，其他流利性特征不受性别因素制约。此外，美国籍被试除充实停顿频率的发展达到汉语母语者水平以外，其他流利性特征均落后于汉语母语者。研究者提出，对外汉语教师应使用一系列任务加强学习者的各项技能，并引导学习者快速提高语言知识的自动化过程。

王佶旻（2007）对初级水平的留学生个体因素与口语测试成绩的关系进行研究。其采用独立样本T检验的统计方法和问卷调查方法对留学生的性别与口语测试成绩的关系、年龄与口语测试成绩的关系、学习目的与口语测试成绩的关系、国别与口语测试成绩的关系等八项内容进行分析。结果发现，学生的个人背景因素中有的对口语测验有显著影响，有的则没有显著影响，年龄、国籍和华裔家庭背景对口语能力有显著影响，性别、职业、母语背景、受教育程度和学习动机类型等因素对口语能力没有显著影响。该结果说明，不同年龄、国籍和家庭背景的学生在口语学习中组成不同的亚群体。研究启示，我们在对不同的亚群体进行口语教学时应根据不同的个体背景因素对其"区别对待"。

陈默、周庆（2016）以初级、中级和高级汉语水平的韩国汉语学习者为被试，考察其汉语朗读能力的发展过程。研究结果发现，在朗读速度上，中级水平的汉语学习者在无声停顿时长方面与汉语母语者接近；高级水平的汉语学习者在无声停顿频率方面与汉语母语者相似；随着语言水平的提高，学习者在发音速度和平均语流长度方面不断变快、变长，然而仍与汉语母语者具有差距。

此外，在朗读准确性方面，初级和中级水平的汉语学习者对字形识别和音段发音的准确性优于超音段；高级水平的汉语学习者在字形识别、音段发音和超音段发音准确性上无显著差异。

最后，在朗读韵律方面，韩国汉语学习者的小句边界处无声段时长不断减少，但仍然与汉语母语者存在显著差异。学习者的水平达到中级和高级阶段时，其在小句边界前音量的延长量上与汉语母语者无显著差异。王英贤（2009）采用实验法，对中级汉语水平的留学生在朗读语流和说话语流中的二字组声调偏误进行分析。结果发现，在两种不同语流中，留学生的二字组声调的轻度偏误类型多样化，而严重偏误类型集中化。同一学习者在不同的语流中二字组声调偏误类型存在差异。最后，被试的二字组声调在朗读语流中比说话语流中更好。

刘瑜、吴辛夷（2016）以中高级水平的汉语学习者和母语者的口语为样本，采用感知判断任务以及对样本的时间性指标进行测量的方法，考察汉语学习者口语的感知流利度与话语流利度。研究结果发现，汉语学习者的口语话语流利度与感知流利度测量之间存在密切关系。此外，汉语母语者主要利用语速、修正、重复、语流长度、有声停顿以及无声停顿等，对汉语学习者口语流利度进行感知判断。其中，语速是母语者进行感知判断最稳定和敏感的因素。

张娟（2014）采用问卷调查方法，研究中高级汉语水平留学生的口语习惯用语习得情况，并对其口语习惯用语的习得难点进行分析。最后，研究者从教材编写、留学生的学习方法以及教师的教学方法三个方面提出建议，以期帮助留学生更好地习得汉语口语习惯用语。

洪秀凤（2015）考察留学生汉语口语产出中的非流利填充语类型、出现频率、出现位置以及语言水平对非流利填充语的影响。结果发现，留学生汉语口语产出中出现频率最高的是音节或音节组合填充语，之后是填充词或填充短语，最少的是填充短语。此外，语言水平与音节或音节组合的出现频率成反比。语言水平与填充词或填充短语的出现频率无相关性。留学生在填充词或填充短语的使用上存在显著的个人倾向。在出现位置上，非流利填充语在句首和分句间的出现频率较高。最后，该作者对非流利填充语的出现位置上存在的差异进行分析。

另一方面，研究者从不同角度考察影响留学生口语表达的因素。例如，孙晓明（2008）考察了准备类型（预先准备和即时准备）对留学生汉语口语语法准确度、语法复杂度和流利度的影响。结果发现，预先准备能够提高留学生口语的流利度、准确度和语法复杂度；即时准备能够提高口语表达的语法复杂度以及准确度。该研究启示对外汉语教师在口语教学中应考虑为学生提供充足的以及不同类型的准备时间，以提高留学生的口语表达能力。

有研究考察了学习者的焦虑程度对留学生口语流利度的影响。例如，张莉（2001）以15名大学一年级外国留学生为被试，分析留学生学习汉语的焦虑感与其口语流利性的关系。研究者采用口语作文的数据收集方法，为被试提供与其生活密切相关的话题，并自由选择一个进行叙述。实验数据通过口头作文录音和转写获得。研究结果显示，被试的焦虑感越强，其非自然停顿就越多，语速自然也越慢，说明有针对性地消除学生的焦虑感对提高其口语表达的流利性至关重要。

王妍妍（2009）采用问卷方法，对98名初、中级水平的留学生进行口语测试焦虑度调查。结果发现，在汉语口语考试中，焦虑现象普遍存在。

学习者的性别、国籍、汉语学习时间、口语水平和自我评价对学习水平均有不同影响，但在影响上不存在显著差异。具体来说，女性的焦虑程度比男性更高，但两者的差异不显著。此外，日韩汉语学习者的口语测试焦虑程度显著高于欧美学习者。学习时间在一到两年的汉语学习者的焦虑程度显著比学习时间未满一年的学习者更低；学习汉语两年后，学习者的焦虑水平与先前两个时段的焦虑水平没有显著差异。最后，学习者的自我评价越低，口语焦虑感越高。由于语言能力欠缺导致自信心不足，是引起测试焦虑感的主要因素。此外，该研究还对口语测试题类型进行分析，考察不同类型的测试题对口语测试焦虑感的影响。结果发现，"话题"引起的口语测试焦虑感最高，其次是"看图说话""师生对话""角色扮演""自我介绍"和"朗读"。

　　研究发现，非自然停顿是影响会话流利度的一个重要因素。非自然停顿指在话语产出时，话语与话语之间出现时间较长的空隙。除此之外，语速也是会话或口语流利性的一个重要时间性指标。研究表明，汉语学习者在学习过程中的焦虑感对其口语的流利性具有显著影响。焦虑感越大的学习者，对自身能力和水平越不自信，在学习和生活中越排斥汉语的交际活动，从而阻碍了语言的输入和习得，导致语言输出不流利（张莉，2001）。相反，焦虑感比较低的学习者能够以更开放和平和的心态面对汉语的学习，因此其口语的流利度较高。学习者的口语流利度能够代表学习者汉语的整体水平，要使个人的会话表达在整个会话过程中将非自然停顿次数降低到最少，并能够在短时间内将个人的思想在头脑中转换成另一种语言完整地表达出来，对学习者是一个很大的考验。不论从情感方面还是语言输出及输入方面，会话或口语的流利性是判断学习者汉语学习程度的一个重要标准。

　　最后，学者们考察了留学生口语中使用的交际策略。交际策略指学习者在对第二语言掌握有限的情况下，为了达到交际目的，弥补其语言知识的贫乏而采取的手段或方法。在使用交际策略之前，学习者需要具有一定的交际能力。交际能力理论，首先是由 Hymes 于 1972 年提出的。策略能力指为了加强交际效果或弥补由于缺乏交际能力等引起的交际中断而使用策略的能力。学习者的策略能力在一定程度上影响其交际效果。因此，将汉语学习者的交际策略与口语交际能力结合起来进行研究，具有十足的必要性。

　　Bialystok（1990）从实际交际的角度对交际策略加以界定，认为交际策略是二语学习者在实际交际中用于弥补语言知识差异的一种手段。唐毅（2016）以146名（男生59名、女生87名）来自9个不同国家在华留学生为被试，对其展开问卷调查，以考察文化背景和汉语水平对学习者汉语口语交际策略使用的影响。研究采用的测试工具是Nakatani（2006）的"口语交际策略量表"。为适应本研究，研究者对他们进行了适当调整。结果显示，从文化维度上看，南亚文化群属于高人性倾向文化①；东欧文化群属于低绩效导向文化；亚洲儒家文化属于高组内集体主义文化。此外，在说话人意义协商策略上，文化背景和汉语水平的交互作用显著，说明策略教学应充分考虑学生的汉语水平。汉语口语交际策略量表可以用于了解不同文化背景学生的交际策略特点，从而有针对性地培养他们的策略能力。

宋童（2016）通过使用Oxford（1990）的学习策略量表、自由访谈和课堂观察相结合方式，考察韩国汉语初学者的汉语口语学习策略。结果发现，被试汉语口语策略总体使用频率偏低，且内部存在显著差异。在各项学习策略中，被试使用最多的是补偿策略，其他依次为元认知策略、社交策略、认知策略、记忆策略和情感策略。最后，性别因素对社交策略的影响显著，但对其他策略选择的影响不显著。同样，排孜丽耶·叶尔松（2016）也使用Oxford（1990）的学习策略量表与观察法相结合的方法，对哈萨克斯坦留学生的汉语口语学习策略进行考察。结果发现，哈萨克斯坦留学生在学习汉语时，其语言学习策略的使用比较均衡。其最常使用的策略为元认知策略，其他依次为社交策略、补偿策略、情感策略和认知策略，而记忆策略使用最少。最后，被试的汉语学习时间长短对其元认知策略、认知策略和记忆策略的使用具有影响，而对其社交策略、情感策略和补偿策略的使用没有影响。

王力（2016）通过改编Oxford（1990）的语言学习策略量表，对留学生进行调查和访谈，对比分析具有相同汉语学习时长的韩国和非洲留学生的汉语学习策略。结果显示，韩国留学生和非洲留学生在汉语学习策略使用上存在相同点和不同点：两个群体均在记忆策略中关注社会环境中语言形式的意义，关注补偿策略中的准确性以及在认知策略中对母语者进行模仿。此外，两个群体在认知策略中对母语进行回避以及是否过度依赖词典，元认知策略中是否选择与母语者进行对话交流等6个方面存在差异。

---

① 人性倾向指社会对于公正、无私、友好、慷慨、关怀及对他人友善的个体给予鼓励和奖励的程度（唐毅，2016）。

对于非洲留学生来说，其语言学习策略使用的频率由高到低，依次是社交策略、认知策略、元认知策略、记忆策略、补偿策略和情感策略。韩国留学生使用的学习策略与非洲留学生完全相反，其使用频率最高的是记忆策略和情感策略，而对社交策略的使用频率最低。

第二章 研究设计

本章阐述研究问题的由来、具体的研究问题和研究框架,在总体上介绍研究方法,包括被试的选取方法与分组、实验材料的选取、录音的转写、本书的统计方法和数据的分析方法。

第一节 研究背景

如前所述,随着全球化进程的加速,在"一带一路"背景下,来华学习、生活的外国友人逐年增加。如何提高留学生和外国友人的汉语学习效果,促进其与中国人民进行沟通和交流,是对外汉语教学中不可避免的问题。目前,大量学者对留学生的汉语学习(丁安琪、肖潇,2016;姚倩,2016)和对外汉语教学(李如龙,2014;陈颖,2014)进行研究。针对留学生汉语学习的研究,涵盖汉语词汇(张和生,2006)、汉语语音习得(王茜,2014)、中国文化(沉静,2012)、汉语口语(余文青,2002)、汉语语音偏误(张瑞芳,2008)、口语流利度(陈默,2013;陈默、周庆,2016;刘瑜、吴辛夷,2016)、交际策略(唐毅,2016;宋童,2016;王力,2016)等。这些研究均针对留学生汉语学习的某一方面进行深入探究,并总结发现,提出促进其留学生汉语学习的方法。

然而,目前学界忽视的重要问题之一是汉语母语者与汉语学习者进行交流时的语言使用问题。前人研究表明,与外国人交流时,本族语者常常因其头脑中已存在的刻板印象,认为外国人的目的语语言水平远不如自己,因此,为了降低对方的理解难度,促进与对方交际的流畅性,本族语者常常对自身语言进行调节。目前,我国学界尚未考察汉语母语者与汉语学习者对话中的交际调节问题。因此,本研究旨在考察汉语母语者与汉语学习者对话中的交际调节问题。通过四项研究、九项实验,本书研究调节的机制、影响因素及其作用。具体来说,探究交际调节是否发生、如何发生,交际调节的影响因素，调节策略和调节的作用。全面考察交际调节的发生机制、策略、影响因素以及作用，不仅有助于我们了解汉语母语者与留学生对话的工作机制，同时可以帮助我们采取适当的调节程度和调节策略，促进汉语母语者与汉语学习者的对话交流，提高汉语学习者的口语交际能力。

第二节　研究问题

本研究的总体问题是：汉语母语者与汉语学习者对话是否发生交际调节，交际调节的策略有哪些，影响交际调节的因素有哪些，以及交际调节的作用有哪些。

具体的研究问题如下：汉语母语者对汉语学习者是否在句法复杂度和流利度上进行调节？汉语母语者对汉语学习者采用的交际调节策略有哪些？汉语母语者与汉语学习者针对不同难度话题进行对话时，话题难度如何影响交际调节？汉语母语者的反馈类型如何影响汉语学习者在对话中进行的交际调节？交际调节是否可以促进留学生对汉语的意义理解？

第三节　研究框架

研究共包括四项子课题研究，各项子课题研究的具体名称与具体实验如下：

一、汉语母语者与来华留学生对话中的交际调节研究

（1）实验一：自然条件下汉语母语者之间的对话交流。
（2）实验二：自然条件下汉语母语者与汉语学习者的对话交流。

二、任务难度对汉语母语者交际调节的影响

（1）实验三：汉语母语者之间在高、低难度情境下的对话交流。
（2）实验四：汉语母语者与汉语学习者在高、低难度情境下的对话交流。

三、反馈类型对汉语学习者交际调节的影响

（1）实验五：无反馈条件下汉语学习者在对话过程中交际调节使用情况。

（2）实验六：积极反馈条件下汉语学习者在对话过程中交际调节使用情况。

（3）实验七：消极反馈条件下汉语学习者在对话过程中交际调节使用情况。

四、汉语母语者交际调节对汉语学习者意义理解的影响

（1）实验八：无交际调节下汉语学习者对成语、习语的意义理解。

（2）实验九：交际调节对汉语学习者对成语、习语意义理解的影响。

以上四项子课题研究（九项实验）环环相扣，全面考察交际调节的发生机制、调节策略、调节的影响因素和调节作用。

第四节　研究方法

一、被试

来自吉林省四所大学的 90 名汉语母语者和 70 名在华留学生（汉语学习者）参加了本研究。被试的选取方法具体如下：

（一）汉语母语者被试的选取

在吉林省两所大学发放被试招募启事（附录1），共发放 120 份，回收 113 份。最终根据《汉语母语者被试背景信息表》（附录 8）和与被试进行交谈，对被试进行筛选。

被试选取标准如下：

（1）被试来自同一方言区，且普通话发音清晰、准确。

（2）被试均未学习过英语以外的外语。

（3）被试年龄在 18—30 周岁。

（4）被试没有在国外生活过 1 个月以上。

最终选取的90名被试全部来自吉林省。被试中有31名男生，59名女生；48名被试的普通话水平测试结果为二级甲等，42名被试的普通话水平测试结果为二级乙等；被试来自物理（16人）、地理（19人）、生物（18人）、历史（15人）、教育（10人）和数学（12人）专业；被试阅读实验说明书（附录3）并同意参加实验。参加完本研究，被试每人得到一份礼物作为酬谢。

（二）留学生被试的选取

通过在吉林省两所大学留学生教育学院发表被试招聘启事（附录2），共有92人报名参加研究。由于能够联系到的留学生数量有限，各项实验中被试样本量不是十分大。然而，鉴于实验研究与调查研究的不同，本研究中的样本量对实验结果的效度不会造成显著影响。例如，Pardo（2006）对对话中语音调节的研究，被试一共有12人。通过汉语学习者被试汉语词汇量测试（附录12），共选取70名得分在40分以上，且在华留学时间一年以上的被试参加本研究。被试的平均年龄为19.9（$SD=0.55$），其中男生25人、女生45人，共来自俄罗斯（23人）、韩国（17人）、日本（14人）、泰国（11人）和马来西亚（5人）5个国家。全部70名留学生均具有在华学习一年的经历，且通过汉语水平考试（HSK）五级。参加完本研究，被试每人得到一份礼物作为酬谢。

最终，采用随机分配的方法，全体90名中国籍被试中有20人参加研究一，20人参加研究二，30人参加研究三，20人参加研究四。70名留学生被试中，有10人参与研究一，10人参与研究二，30人参与研究三，20人参与研究四。每项实践中，被试均被随机编号。其中，中国籍被试被编号为C1、C2、C3……；留学生被试被编号为L1、L2、L3……。被试参与各项实验情况，具体见表2-1至表2-4所示。全体汉语母语者被试语言能力自评成绩（附录11）可见。

实验一中，20名汉语母语者（C1—C20）被分为两组，每组包括10名被试（C1—C10；C11—C20）。在实验二中，汉语母语者（C1—C10）与汉语学习者（L1—L10）进行对话。实验一、实验二被试的构成情况，具体见表2-1所示。

表2-1　实验一、实验二被试的构成情况

实验	组1	组2
实验一	汉语母语者：C1—C10	汉语母语者：C11—C20
实验二	汉语母语者：C1—C10	汉语学习者：L1—L10

实验三中，20名汉语母语者（C21—C40）被分为两组，每组包括10名被试（C21—C30；C31—C40）。在实验四中，汉语母语者（C21—C30）与汉语学习者（L11—L20）进行对话。实验三、实验四被试的构成情况具体见表2-2所示。

表2-2　实验三、实验四被试的构成情况

实验	组1	组2
实验三	汉语母语者：C21—C30	汉语母语者：C31—C40
实验四	汉语母语者：C21—C30	汉语学习者：L11—L20

实验五中，10名汉语母语者（C41—C50）与10名汉语学习者（L21—L30）进行对话。在实验六中，10名汉语母语者（C51—C60）与10名汉语学习者（L31—L40）进行对话。在实验七中，10名汉语母语者（C61—C70）与10名汉语学习者（L41—L50）进行对话。实验五至实验七中，被试的构成情况具体见表2-3所示。

表2-3　实验五—实验七被试的构成情况

实验	组1	组2
实验五	汉语母语者：C41—C50	汉语学习者：L21—L30
实验六	汉语母语者：C51—C60	汉语学习者：L31—L40
实验七	汉语母语者：C61—C70	汉语学习者：L41—L50

在实验八中，10名汉语母语者（C71—C80）与10名汉语学习者（L51—L60）进行对话。在实验九中，10名汉语母语者（C81—C90）与10名汉语学习者（L61—L70）进行对话。实验八、实验九被试的构成情况具体见表2-4所示。

表2-4 实验八、实验九被试的构成情况

实验	组1	组2
实验八	汉语母语者：C71—C80	汉语学习者：L51—L60
实验九	汉语母语者：C81—C90	汉语学习者：L61—L70

（三）汉语学习者被试汉语词汇量测试

为确保最终参加实验的留学生能够听懂基本的汉语词语，确保汉语母语者能与其较为顺利地进行交流，研究者对92名报名参加研究的留学生被试进行了汉语词汇量测试。最终，从中选取70名成绩在40分以上的被试参加实验。参加各项实验的留学生汉语词汇量测试成绩详见附录14、附录19、附录22、附录24。

二、汉语母语者被试语言能力调查

为了确保汉语母语者被试在汉语听、说、读、写、能力上无显著差异，研究者在实验前对汉语母语者被试进行了语言背景调查（附录10）。调查结果显示，90名汉语母语者对母语的总体自我评价平均分为43.99分（$SD=1.50$）。单样本t检验结果显示被试的词汇成绩间存在显著差异，$t(89)=277.70$，$p=0.00$。

三、汉语学习者被试口语能力测试

为确保留学生被试能够与汉语母语者较为顺利地交流，并最终探讨汉语母语者的交际调节是否与留学生被试的口语流利度和复杂度有关，研究者对70名被试进行了汉语口语能力测试（附录13）。

测试共分两部分：文章朗读和问答。文章朗读部分，要求被试朗读一篇中等难度的汉语文章。被试有3分钟时间准备，但是不可以查字典。在朗读过程中，研究者不能给予留学生任何提示和指导。

研究者对留学生的朗读进行录音，然后对文章朗读部分和问答部分进行单独分析。文章朗读部分的分析方法为：将录音导入Praat，然后反复听取录音，统计被试的朗读错误，包括汉字的发音错误、声调错误、汉字漏读、填字和断句错误。每发生错误一次扣 0.2 分，满分为 50 分。各项实验中，留学口语测试成绩详见附录 15、附录 17、附录 20、附录 23。

四、实验任务与材料

在本研究中，研究一、研究二和研究三均采用图片辅助对话模式，汉语母语者和汉语学习者在所给图片帮助下，一边描述图片，一边进行对话。研究一、研究三采用相同的两张图片——图片一和图片二。其中，图片一描述的是年轻人领着孩子回家和父母过年的场景，图片二描述的是几名国外街头艺人演奏乐器的场景（附录 31）。

研究二中，中低难度情境采用简单图片，以留学生比较熟悉的场景为实验材料，如国外街头艺人演奏乐器、上课情境图片；高难度情境采用中国传统文化，留学生了解更少的情境图片作为实验材料，如传统婚礼图片、清朝皇帝早朝的图片。

研究四采用成语、习语解释任务。为保证实验材料的有效性，即所选词语均为留学生不熟悉的成语和习语，研究者共准备 20 条成语或习语，邀请来中国一年且不参加本实验的五名留学生在李克特量表上进行成语或习语熟悉度判断，其中"1"—"5"分别代表"不理解"到"非常理解"（附录 26）。然后，从得分低于 1 分的成语和习语中选取 10 条成语和习语，为汉语母语者被试提供成语以及一句解释性话语，为汉语学习者被试只提供成语本身，为实验引导员提供成语以及含有该成语的例子。

五、实验设备

各项实验中主要使用的设备有录音笔和录像机。实验数据分析主要使用计算机、Praat 语音分析软件、SPSS 数据分析软件等。

六、数据统计与分析

为分析汉语母语者与汉语学习者对话中的交际调节，首先对各项实验中的对话录音进行转写和统计，并统计汉语母语者和汉语学习者的话语复杂度和流利度。

七、实验录音的转写

首先，对各项实验进行录音和录像后，两位独立转写人将录音导入 Praat，听录音、看录像转写从对话开始到 3 分钟截至。遇到录音内容不清晰而导致无法进行转写时，转写人查看相应录像，根据语境信息进行推测转写。转写遵守忠实性原则，对词汇和句法错误等语病不做任何处理。

然后，研究者按 Foster 等人（2000）提出的方法，将两种词句单位剔除，①由单个词语组成的句子，如"是的""对""好的"等；②重复对方话语的应答语，如"A：我想是三年""B：三年"。

最后，另外两人统计每名被试产出话语的句法复杂度：① AS-units 词语个数；② AS-units 小句个数；③连词数量和话语流利度（平均话语长度、无声停顿频率、无声停顿时长、充实停顿频率、充实停顿时长）。

为对比汉语母语者在与汉语母语者和汉语学习者对话中是否对语言进行调节，研究者先对实验一和实验二对应组的转写文本进行对比，具体见表 2-5 所示。

表 2-5 实验一与实验二对话文本对比分析

实验一对话文本	实验二对话文本
1.C1+C11	1.C1+L1
2.C2+C12	2.C2+L2
3.C3+C13	3.C3+L3
4.C4+C14	4.C4+L4
5.C5+C15	5.C5+L5
6.C6+C16	6.C6+L6
7.C7+C17	7.C7+L7
8.C8+C18	8.C8+L8
9.C9+C19	9.C9+L9
10.C10+C20	10.C10+L10

由表 2-5 可见，实验一和实验二各包括对话 10 组。其中，汉语母语者被试 C1—C10 分别与汉语母语者被试 C11—C20（实验一）和汉语学习者被试 L1—L10（实验二）对话。通过对比 C1—C10 与汉语母语者被试和汉语学习者被试对话时的话语，可以揭示其是否以及如何根据对话人的不同对自身语言进行调节。其他各子研究中对话文本的转写与统计同研究一。

八、转写文本的分析方法

统计方法如下:

(1)打开每个 word 文档,然后把两名被试的话放到两个 word 里。例如,统计 C1+C11 文档时,把 C1 的话留在当前打开的 word 里;把 C11 的话全部放到另一个 word 里。然后,用 C1 命名含有 C1 话语的 word 文档;用 C11 命名含有 C11 话语的 word 文档。

(2)使用 word 中的查找功能,依次输入"被""把""?"找到被动句、把字句和疑问句。找到句子后,需要判断是否属于某种句型。例如,搜到"把"字,但是句子里是"车把"一词,则不算把字句。

(3)打开 word 工具中的字数统计,需找到的信息有:①中文字符:911,即被试全部使用汉字的数量。②行:151,即被试使用的全部句子的数量。同时,统计人核查文本中是否存在占两行或两行以上的长句。例如,有 2 句话,每句均占 2 行,则填写全部句子数量时,应使用 151-2=149,即全部句子为 149 个。此外,用全部汉字数量 ÷ 句子总数 = 平均每句话中的单词数量。③统计人打开录音或者录像,然后关注从说话人开始说话的那一刻到最后停止说话的时间,即为录音时常。④统计人在文档中用批注的形式,标记"并列句和复合句"。并列句是由并列连词连接的两个或更多句子,例如,他们都非常高兴,而且感到很自豪。复合句是主句+从句,含有连词,如因为……,所以……;虽然……,但是……;如果……,那么(则)……常见的有宾语从句,比如我认为你说得对。按照李艳翠等(2015)的分类方法,基于连接词的关系分类及分布,如图 2-1 所示。

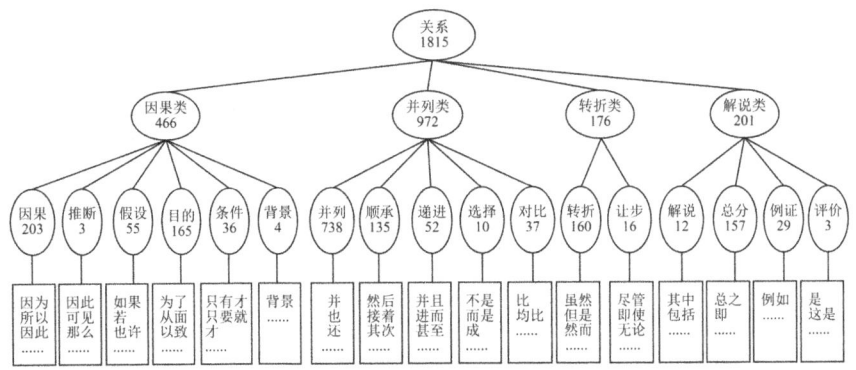

图 2-1 基于连接词的关系分类及分布

本研究中的连词主要有四大类：因果类、并列类、转折类和解说类。据此，研究者对被试口语产出中的连词数量进行统计。

九、数据分析方法

本研究主要分析的方面包括：①句法复杂度；②言语流利度；③问句类型。

在本书中，句法复杂度指口语产出中语言的复杂和多样化程度。句法复杂度的测量指标包括三项：① AS-units 词语个数；② AS-units 小句个数；③连词数量。话语流利度指说话人在停顿、犹豫以及重构方面的表现（Ellis，2003）。

流利度的测量指标包括五项：①平均话语长度，即每两个停顿之间的音节产出个数；②无声停顿频率，即同一话轮内大于等于 0.2 秒没有声音的停顿次数；③无声停顿时长，即同一话轮内大于等于 0.2 秒没有声音的停顿时间长度；④充实停顿频率，即填充词语（如"嗯""啊"）的次数；⑤充实停顿时长，即填充词语的时间长度。以上指标可以有效测量留学生话语的句法复杂度和流利度（陈默，2015）。

以节选实验一 C1+C11 对话为例，按照以上项目进行分析：

C1：你看一下这幅图片。（8）【0.31】

C1：如果要是按照咱们的思想的话，【0.54】他们应该是在什么日子相聚的呢？（27）

C11：我觉得是应该在春节的时候。（12）

C11：之后带着礼物拜访那个男方的家长。（15）

C1：应该是这个中间小朋友的爷爷和奶奶。（16）

C11：我也是这么认为的。（8）

C1：并且看他们的穿着，【0.35】这个地方蛮冷的。（15）

C1：应该是。（3）

C1：嗯（1），【0.68】我国偏中偏北地带的地方。（11）

注：以上文本中"（）"中为 AS-unit 词语数量；"【】"中为停顿时长。

以上对话中，C1 的 AS-units 词语个数为 81 个；AS-units 小句个数为 6 个；连词数量为 2 个，即"如果"和"并且"；平均话语长度（每两个停顿之间的音节产出个数）为 8.0；无声停顿频率为 3 次；无声停顿时长为 1.2 秒；充实停顿频率为 1（嗯）；充实停顿时长为 0.68 秒。C11 的

AS-units 词语个数为 35 个；AS-units 小句个数为 3 个；连词数量为 0；平均话语长度为 11.67；无声停顿频率为 0；无声停顿时长为 0；充实停顿频率为 0；充实停顿时长为 0。研究者还将考察被试使用的疑问句类型，即被试使用的一般疑问句、特殊疑问句和理解合适疑问句（Confirmation Check）。如"你听懂了吗？/懂了吗？"最后，研究者将统计实验三中汉语学习者被试成语回答的正确率。

第三章　汉语母语者与来华留学生对话中的交际调节（研究一）

第一节　研究背景

对话是人类生活中的一个重要环节，其体现人类的社会化本质。对于母语者，对话能够使其完成沟通感情、讨论工作、获得信息等功能。对于外语学习者，对话不仅能够发挥以上功能，同时对话也是外语学习者学习目标语言的重要途径之一。交际调节理论认为，说话者根据交际目的和与其对话者使用的语言、身份、地位、双方之间的关系等因素对自身语言进行调节，以表达对对方的态度，缩小、保持或扩大其与对话者之间的社会心理距离（Giles & Ogay，2007）。

交际调节一般分为趋同调节、趋异调节和言语保持（Giles，et al.，2007）。趋同调节指将自身话语中的词语、句法、语音和语调等调节到与对方相似，而趋异调节与趋同调节恰恰相反。言语保持指保持自己的话语风格、语音语调和词语选择等。此外，交际调节可以分为短期调节和长期调节（Trudgill，1986）。言语趋同的发生具有自动性（Babel，2009），除非受到社会心理因素阻碍，如故意远离某社会群体，说话人将自动根据对方的语言对自身语言进行调节（Delvaux & Soquet，2007）。

交际调节理论不仅能够解释语言变化、语境和说话人身份之间的关系（Gallois，et al.，2005），同时对语言习得具有重要作用和意义。无论是在儿童指向语（如Foursha-Stevenson，et al.，2017）还是外国人指向语中，说话人均可降低句法复杂度和话语流利度，对自身话语进行调节，为听话者提供可理解性输入（Krashen，1981），减少听话人的语言理解认知压力。例如，Scarborough等人（2007）发现英语母语者与英语学习者对话时对其自身的元音空间、元音时长和语速进行调节，以便更好地帮助英语学习者理解其话语。Rahimian（2013）分析加拿大英语母语者分别与加拿大英语母语者和英语学习者对话时元音的变化。结果发现，与母语者对话时使用的元音相比,母语者与英语学习者对话时,其元音在时长和共振峰上更具有典型性和稳定性,即变异性更少。Rahimian认为,其实验中英语母语者有一年与英语学习者打交道的经验,因此更加清楚英语学习者在语言理解和产出上存在困难。为了减少学习者理解话语的困难,其使用变化较少的典型元音发音,而与本族语者交流时,双方之间不存在语言水平的差异,因此,交际压力较小,交际更为流畅,导致英语母语者使用的元音更加夸张,富于变化。Ferguson(1975)让大学生被试想象自己与外语学习者对话,并对句子进行改写。结果发现,被试对句子进行了省略、扩展和替代三种改动。Ferguson指出,外国人指向语是母语者对语言水平较低的外语学习者使用的一种简化的语体。

研究者们发现,外国人指向语中不符合语法的句子很少,母语者更多在话语层面进行交际调节,如大量重复、降低语速和更多地使用简单句法结构等(Freed,1981;Lattey,1989)。Bingham(1996)采用调查问卷对160名德国学生进行交际调节研究。研究者要求被试想象其与德语母语者和德语学习者进行交流,并要求其写下给对方的回复。结果发现,无论是否给被试提供德语学习者的话语,被试对假想的德语学习者做出的回复与对德语母语者做出的回复之间存在显著差异,即其对德语学习者显著降低了句子复杂度和句子长度。Sand(2012)分析英语母语教师在课堂教学活动中,对英语学习者进行交际调节和策略,以及交际调节对英语习得过程的影响。研究发现,英语母语者教师的交际调节方式多种多样,特别面对英语水平较低的学生,其进行过度调节(over-accommodation),即使用最简单易懂的句子,以便学生捕捉句子中的关键词语,以明确教师要求和话语大意。该研究表明,交际调节有助于促进课堂环境中的二语习得。

前人研究主要采用实验法(Scarborough, et al., 2007; Rahimian, 2013)、课堂观察(Sand, 2012)和问卷调查(Bingham, 1996)等方法,考察母语者对外语学习者进行的交际调节。这些方法虽然能够较好地控制额外变量,但不能完全适合于考察自然情况下发生的言语交际。由于口语交流时,双方要在短时间内完成话语的理解、产出和话轮转换,因此有必要采用更加自然的任务考察母语者和外语学习者对话中的交际调节。

在我国,来华留学的汉语学习者常常与汉语母语者进行对话交流。那么,汉语母语者与汉语学习者交流时是否进行交际调节,如果汉语母语者对汉语学习者进行交际调节,采用的交际调节策略有哪些?目前,我

第三章 汉语母语者与来华留学生对话中的交际调节（研究一）

国针对交际调节的研究均为理论综述（袁义，1992；许丽芹、吴小平，2005），尚未发现针对汉语母语者和汉语学习者对话中的交际调节研究。

心理语言学研究常采用图片描述任务诱导被试进行语言产出，图片描述在日常生活中较为常见，如欣赏照片或风景时，人们对场景中的人物、事物进行描述和评价。因此，本研究通过图片诱导自然对话，以句法复杂度和话语流利度为指标，考察汉语母语者和留学生对话中的交际调节。本研究问题是：与留学生对话时，汉语母语者是否对自身话语的句法复杂度和话语流利度进行调节？汉语母语者对汉语学习者使用的交际调节策略有哪些？

本研究共包括两项实验，以揭示汉语母语者与汉语学习者进行对话时是否存在交际调节，以及汉语母语者交际调节是否受对话留学生汉语水平的影响。本研究不仅可以用于证实交际调节理论的生态效度，同时有助于深入了解汉语母语者与留学生的对话机制。具体实验名称如下：

（1）实验一：自然条件下汉语母语者之间的对话交流。
（2）实验二：自然条件下汉语母语者与汉语学习者的对话交流。

实验一、二汉语母语者对三种交际调节策略的使用。

实验一："自然条件下汉语母语者之间的对话交流"作为基线实验，其结果用于与实验二"自然条件下汉语母语者与汉语学习者的对话交流"的结果进行对比，以探讨汉语母语者与汉语学习者进行对话时是否进行交际调节。如果进行交际调节，汉语母语者的句法复杂度和流利度与其与汉语母语者交流时的句法复杂度和流利度有何区别？

实验二："自然条件下汉语母语者与汉语学习者的对话交流"，旨在与揭示汉语母语者对汉语学习者使用的语言是否和在何种程度上进行调节。此外，汉语母语者的交际调节是否跟与其对话的汉语学习者的汉语水平有关。实验二结果将与实验一结果进行对比，以回答研究问题——汉语母语者对汉语学习者是否在句法复杂度和流利度上进行调节，以及汉语学习者水平是否对交际调节有影响。

交际调节理论认为，交际调节除了包括对对方话语的模仿之外（如句子长度、停顿、语速、重复和发音等），还包括：①解释策略，如降低语速、延迟回答、使用意义理解核实问句和延长停顿等；②话语管理策略，如谈话主题的选择、面子维护和话轮掌控等；③人际管理策略，如称呼语的使用和礼貌用语的使用等（Coupland, et al., 1988）。实验一、二完成后，研究者将按照以上三种交际调节策略，对实验一和实验二中

C1—C10被试的话语进行分析，探讨汉语母语者如何在各项策略上对留学生进行交际调节。

第二节 研究方法

一、被试

20名吉林省某大学研究生与10名该校留学生参加本次研究。20名中国籍被试全部来自吉林省，其平均年龄为24.3岁，标准差（SD）为1.03。中国籍被试中，有6名男生、14名女生。16名被试的普通话水平测试结果为二级甲等，4名被试的普通话水平测试结果为二级乙等。被试来自物理（$n=6$）、地理（$n=5$）、生物（$n=4$）和历史专业（$n=5$）。最终，中国籍被试被编号为C1—C20。

10名留学生均已在华学习一年，且全部通过汉语水平考试（HSK）五级。留学生被试的平均年龄为19.9岁（$SD=0.55$），分别来自韩国（$n=3$）、俄罗斯（$n=3$）、泰国（$n=2$）和日本（$n=2$），其中男生2人、女生8人。为确保留学生被试能够与汉语母语者较为顺利地交流，并探讨汉语母语者的交际调节是否与留学生汉语水平有关，研究者对留学生被试进行了汉语口语能力测试，最终留学生编号为L1—L10。

为确保留学生在汉语口语能力上不存在显著差异，研究者首先对留学生进行汉语口语测试。测试共分两部分：文章朗读和问答。文章朗读部分要求被试朗读一篇中等难度的汉语文章。被试有3分钟时间准备，但是不可以查字典。在朗读过程中，研究者不能给予留学生任何提示和指导。

研究者对留学生的朗读进行录音，然后对文章朗读部分和问答部分进行单独分析。文章朗读部分的分析方法为：将录音导入Praat，然后反复听取录音，统计被试的朗读错误，包括汉字的发音错误、声调错误、汉字漏读、填字和断句错误。每发生一次错误扣一分，满分为100分。经统计，留学生的口语测试平均分为48.13（$SD=0.33$）。最终将与L1—L10配对实验的中国籍被试编号为C1—C10，其余中国籍被试编号为C11—C20。参加完本研究，被试每人得到一份礼物作为酬谢。

二、实验材料

实验一和实验二均采用相同的两张照片,图片一描述的是年轻人领着孩子回家和父母过年的场景;图片二描述的是国外街头艺人演奏乐器的场景。实验一和实验二采用同样照片的目的在于在话题一致的情况下,有利于对比汉语母语者(C1—C10)面对不同的被试(C11—C20;L1—L10)两次谈论同一幅照片时所使用的语言的差异。

第三节 实验过程

一、实验一

20名中国籍被试随机组成10组(C1—C11,C2—C12,依此类推)。首先,每组两人进入教室并排坐好并阅读实验说明书(附录4)。实验过程中,被试参考图片中的场景、人物、事件等信息,结合自身经历进行自由发挥。图片一由C1—C10号被试首先发话,图片二由C11—C20号被试首先发话。双方本着对话交流的原则,采用a—b—a—b的方法交替说话,且只可以使用中文。每张图片对话控制在5分钟内。在完全理解实验步骤后,实验引导员将两张照片发给被试,并对整个过程进行录音和录像。

二、实验二

为防止近因效应(姜帆、刘永兵,2015),实验二在实验一结束一个月后进行。中国籍被试C1—C10和留学生被试L1—L10组成10组(C1—L1,C2—L2,以此类推)。

实验开始前,实验引导员将英文实验说明书(附录7)发给留学生被试,并为其用汉语和英语讲解实验要求。在其完全理解实验要求后,开始实验。除图片一由中国籍被试首先发话,图片二由留学生首先发话外,实验过程与实验一相同。

第四节 结果与分析

首先,评价者间信度(r_1)和评价者内部信度(r_2)分析结果显示,两项信度指标良好(r_1=0.914,p=0.000;r_2=0.928,p=0.000)。对于统计数量不一致之处,研究者进行了重新统计。然后,对汉语母语者C1—C10在实验一和实验二中的句法复杂度和话语流利度进行配对样本 t 检验,具体结果见表3-1所示。

表3-1　C1—C10在实验一和实验二中的句法复杂度和话语流利度对比

	AS-units 词语 个数	AS-units 小句 个数	连词 数量	平均 话语 长度	无声 停顿 频率	无声 停顿 时长	充实 停顿 频率	充实 停顿 时长
实验一	13.4 (2.91)	36.8 (11.47)	3.6 (1.58)	11.24 (2.53)	4.8 (0.63)	0.56 (0.72)	1.4 (0.52)	1.24 (0.55)
实验二	11.5 (2.01)	30.7 (8.94)	5.5 (0.97)	8.41 (1.31)	6.8 (1.03)	0.73 (0.51)	3.6 (0.52)	1.45 (0.40)

一、汉语母语者在实验一和实验二中的句法复杂度变化

由表3-1可见,汉语母语者(C1—C10)在实验一和实验二中的句法复杂度三项指标上,即AS-units词语个数(t=3.14,p=0.012)、AS-units小句个数(t=5.14,p=0.001)、连词数量(t=-4.39,p=0.002)均存在显著差异。此外,C1—C10在实验一和实验二中的话语流利度五项指标上,即平均话语长度(t=5.45,p=0.000)、无声停顿频率(t=-7.75,p=0.000)、无声停顿时长(t=-10.28,p=0.000)、充实停顿频率(t=-16.50,p=0.000)和充实停顿时长(t=-15.14,p=0.000)均存在显著差异。

以上结果说明,汉语母语者(C1—C10)与留学生对话时,其句法复杂度和话语流利度均比与汉语母语者(C11—C20)对话时显著降低。

二、实验一中汉语母语者句法复杂度和话语流利度差异性检验

接下来，研究者对实验一中 C1—C10 和 C11—C20 句法复杂度和话语流利度进行独立样本 t 检验，具体结果见表 3-2 所示。

表 3-2 实验一 C1—C10 和 C11—C20 句法复杂度和话语流利度对比

	AS-units 词语个数	AS-units 小句个数	连词数量	平均话语长度	无声停顿频率	无声停顿时长	充实停顿频率	充实停顿时长
C1—C10	13.4（2.91）	36.8（11.47）	3.6（1.58）	11.24（2.53）	4.8（0.63）	0.56（0.72）	1.4（0.52）	1.24（0.55）
C11—C20	14.1（5.04）	40.5（14.67）	4.1（1.85）	11.54（3.25）	5.3（0.48）	0.58（0.50）	1.7（0.48）	1.27（0.41）

由表 3-2 可见，实验一中，C1—C10 与 C11—C20 在句法复杂度三项指标上，即 AS-units 词语个数（$t=-0.38$，$p=0.708$）、AS-units 小句个数（$t=-0.63$，$p=0.538$）和连词数量（$t=-0.65$，$p=0.524$）均不存在显著差异。此外，C1—C10 与 C11—C20 在话语流利度五项指标上，即平均话语长度（$t=-0.23$，$p=0.821$）、无声停顿频率（$t=-1.99$，$p=0.062$）、无声停顿时长（$t=-0.58$，$p=0.57$）、充实停顿频率（$t=-1.34$，$p=0.196$）和充实停顿时长（$t=-1.85$，$p=0.81$）均不存在显著差异。

以上结果表明，汉语母语者（C1—C10）未在句法复杂度和话语流利度上对汉语母语者（C11—C20）进行显著调节。

三、实验二中汉语母语者和学习者句法复杂度和话语流利度差异性检验

最后，研究者对实验二中，C1-C10 和 L1-L10 的句法复杂度和话语流利度进行独立样本 t 检验，具体结果见表 3-3 所示。

表3-3 实验二 C1-C10 和 L1-L10 的句法复杂度和话语流利度对比

	AS-units 词语个数	AS-units 小句个数	连词数量	平均话语长度	无声停顿频率	无声停顿时长	充实停顿频率	充实停顿时长
C1—C10	11.5 (2.01)	30.7 (8.94)	5.5 (0.97)	8.41 (1.31)	6.8 (1.03)	0.73 (0.51)	3.6 (0.52)	1.45 (0.40)
L1—L10	9.6 (2.17)	25.6 (7.96)	3.1 (0.57)	7.2 (1.57)	8.4 (0.70)	0.83 (0.28)	3.4 (0.52)	1.21 (0.43)

由表3-3可见，汉语母语者与留学生在句法复杂度的三项指标中，除在连词数量上存在显著差异外（$t=6.74$，$p=0.000$），在 AS-units 词语个数（$t=2.03$，$p=0.057$）和 AS-units 小句个数（$t=1.35$，$p=0.195$）上均不存在显著差异。此外，汉语母语者和留学生在话语流利度的五项指标中，除无声停顿频率上存在显著差异外（$t=4.057$，$p=0.001$），在平均话语长度（$t=1.87$，$p=0.78$）、无声停顿时长（$t=-1.237$，$p=0.232$）、充实停顿频率（$t=0.866$，$p=0.398$）和充实停顿时长（$t=1.456$，$p=0.162$）上均不存在显著差异。

以上结果说明，汉语母语者与留学生在句法复杂度和话语流利度上表现出趋同的倾向。

四、留学生汉语水平对汉语母语者交际调节的影响

由于留学生汉语水平不同，汉语母语者与他们对话时发生的交际调节能力可能也有差异。以留学生口语测试成绩为协变量，考察汉语母语者 C1—C10 在实验一和实验二中的句法复杂度和话语流利度是否仍然具有显著下降。结果发现，未控制留学生口语水平时，汉语母语者在实验一和实验二中呈现的句法复杂度的差异消失。其中，AS-units 词语个数 $F(1, 8)=0.019$，$p=0.895$；AS-units 小句个数 $F(1, 8)=0.335$，$p=0.579$；连词数量 $F(1, 8)=0.219$，$p=0.652$，差异均消失。

此外，C1—C10 在实验一和实验二中的话语流利度五项指标上，平均话语长度 $F(1, 8)=0.036$，$p=0.854$；无声停顿频率 $F(1, 8)=0.834$，$p=0.388$；无声停顿时长 $F(1, 8)=1.057$，$p=0.334$；充实停顿频率 $F(1, 8)=2.728$，

$p=0.137$ 和充实停顿时长 $F(1,8)=5.142$，$p=0.053$ 存在的显著差异均消失。

以上结果说明，汉语母语者（C1—C10）与留学生（L1–L10）对话时，其句法复杂度和话语流利度均比与汉语母语者（C11—C20）对话时降低，但与留学生的汉语水平有关。当排除留学生汉语水平变量时，汉语母语者的交际调节现象消失。

五、实验一、二汉语母语者交际调节策略分析

（一）解释策略

根据交际调节理论，解释策略主要包括降低语速、延迟回答、使用意义理解核实问句和延长停顿等。对实验二中，汉语母语者和留学生的平均话语长度、无声停顿频率、无声停顿时长、填充停顿频率和填充停顿时长进行分析发现，汉语母语者（C1—C10）在实验二中的平均话语长度比实验一中的平均话语长度显著降低，$t=5.45$，$p=0.000$。汉语母语者（C1—C10）在实验二中的无声停顿频率显著高于实验一中的无声停顿频率，$t=-7.75$，$p=0.000$。汉语母语者（C1—C10）在实验二中的无声停顿时长显著高于实验一中的无声停顿时长，$t=-10.28$，$p=0.000$。汉语母语者（C1—C10）在实验二中的充实停顿频率显著高于实验一中的充实停顿频率，$t=-16.50$，$p=0.000$。汉语母语者（C1—C10）在实验二中的充实停顿时长显著高于实验一中的充实停顿时长，$t=-15.14$，$p=0.000$。

以上结果说明，与汉语母语者（C11—C20）对话时相比，汉语母语者（C1—C10）与留学生对话时，其话语流利度显著降低，说明汉语母语者将话语流利度降低作为一种解释策略，希望延长停顿时长，给留学生更多的思考时间。此外，汉语母语者（C1—C10）对留学生使用的疑问句（$M=7.5$）显著多于对汉语母语者（C11—C20）使用的疑问句（$M=2.5$），$t=-5.303$，$p=0.000$。这些疑问句中除了一般疑问句（$M=2.3$）之外，如"你家过年也是这样吗？"，还有特殊疑问句（$M=1.8$），如"你们过年都干什么？"更重要的是，汉语母语者对留学生使用大量用于询问对方意义理解的疑问句（$M=3.4$），如"你听懂了吗？"且意义理解核实问句的数量显著高于一般疑问句或特殊疑问句，而汉语母语者（C1—C10）并未对汉语母语者（C11—C20）使用意义理解核实疑问句。所以，汉语母语者将意义理解核实问句作为解释手段之一，在沟通中确保对方能够跟得上自己的

思路，理解自身话语。

最后，本研究发现汉语母语者使用语码混合（code-mixing）[①]，试图提高自身话语的可理解度。例如：

汉语母语者 C5 与留学生 L5 的对话：

C5：那这个穿着在那面算时尚不？

L5：不太听懂。

C5：我说就是他们的衣服，在欧洲那边算 fashion 不？fashion，时尚。

L5：额，是普通的，不，不是时尚的。

以上对话节选中，当留学生 L5 无法理解汉语母语者 C5 所说的"时尚"一词时，汉语母语者 C5 使用语码混合的办法，试图通过使用英语单词"fashion"解释汉语词语"时尚"，以期促进留学生 L5 的理解。然而，在汉语母语者之间对话时从未出现语码混合的现象。因此，研究者认为，语码混合属于汉语母语者对留学生使用的交际调节策略中的解释性策略。

（二）话语管理策略

话语管理策略主要包括谈话主题的选择、面子维护和话轮的掌控等。首先，在话题选择方面，汉语母语者一般根据图片内容选择话题，并在对相关话题进行讨论时，经常利用一般疑问句和特殊疑问句对方进行提问。由于本研究采用图片诱导对话的方法，对话者的话题选择受到图片内容的制约，因此，汉语母语者与留学生对话的话题和其与汉语母语者对话的话题具有相似性。例如：

（1）汉语母语者 C2 与汉语母语者 C12 的对话：

C12：你喜欢音乐吗？

C2：我喜欢音乐。

C12：你都会奏什么乐器？

C2：啊，我会。乐器，乐器，我还不会乐器。

C2：但是，我是我喜欢唱歌。

C12：喜欢唱歌。

C2：嗯。

C12：啊，我从小最喜欢的乐器，是，啊，笛子。因为我特别喜欢它

[①] 语码是指一种语言、方言、语体或语域（Wardhaugh, 1998）。语码混合是指句子内部词汇或短语层次上的转换（Kachru, 1983）。

第三章 汉语母语者与来华留学生对话中的交际调节（研究一）◎

的声音,特别清脆。但是,就是,因为各种原因,所以说一直没有机会去学。

（2）汉语母语 C2 与留学生 L2 的对话：

C2：你喜欢音乐吗？

L2：我喜欢,我也会唱歌。啊,你呢？

C2：我也是。你会乐器吗？

L2：会。

C2：啊,会什么？弹钢琴,还是？

L2：弹钢琴,还有弹吉他。啊,你会什么？

C2：乐器,我还是不会,但是我从小特别喜欢弹钢琴。

以上对话节选中,汉语母语者 C2 与汉语母语者 C12 对话时,首先 C12 开启新话题,与 C12 讨论音乐、乐器和唱歌。当 C2 与留学 C12 对话时, C2 采用相同话题,与留学生讨论音乐、乐器和唱歌,这些对留学生较为熟悉。汉语母语者有意识地选择和图片内容相关的对话主题,使整个对话都围绕图片进行,以此降低留学生认知加工的困难,使对话顺利进行。

此外,在面子维护方面,根据 Brown & Levinson（1978）的"面子理论",所有有理性的社会成员都具有面子。他们认为,面子是每一个社会成员想要为自己赢得的一种在公众中的个人形象。面子具有两个相互联系的方面：消极面子和积极面子。积极面子是希望得到别人的赞同、喜爱、欣赏和尊重；消极面子是不希望被别人强加于自己,自己的行为不受干涉和阻碍,有自己选择的自由。根据面子理论,对话中双方的积极面子和消极面子都会面临威胁,因此,几乎所有的言语行为都是面子威胁行为,而使用礼貌的语言和间接言语行为能够保护面子,削弱面子威胁行为的程度。例如,汉语母语者善于遵守礼貌原则中的一致性准则,即尽量减少双方的分歧,尽量增加双方的一致。例如：

汉语母语者 C7 与留学生 L7 的对话：

C7：了解中国的这些小传统吗？

L7：嗯,了解。就是,怎么说呢,你们的最重要的节日。

C7：对对对,春节来说特别重要的。

L7：嗯,对,大家都送互相送礼物。

C7：对对对。

L7：嗯,还有,嗯,平时父母,那个,嗯,父母送给孩子红包。

C7：红包,对对对,我们这叫红包。

以上对话中,汉语母语者 C7 对留学生 L7 的回应中,连续使用"对对对"的反馈话语,有意识地遵守"一致性准则",即尽量减少双方的分歧,尽量增加双方的一致,以此积极维护对方的面子。

此外,汉语学习者也善于遵守礼貌原则中的"赞誉原则",即尽量少贬低别人,尽量多赞誉别人。例如:

(1)汉语母语者C9与留学生L9的对话:

C9:最近看了一个电视节目,就是泰国那种很传统的服饰。

L9:啊,对。

C9:你自己穿过吗?

L9:穿过,对。

C9:感觉很漂亮。

(2)汉语母语者C10与留学生L10的对话:

C10:然后如果这个老的,这个男人,是男方的爸爸的话,我们会叫他爷爷。

L10:妈妈的母亲是姥姥?

C10:对,姥姥,你好棒呀!中国的祖谱你还是蛮知道的嘛!

在以上对话中,汉语母语者C9对留学生L9的泰国民族服装进行夸赞;汉语母语者C10对留学生L10对中国文化的了解进行赞美。C9和C10均遵守了赞誉性准则,积极维护留学生的面子。

最后,以各组对话中,汉语母语者和留学生如何从图片一的对话过渡到图片二为例分析话轮掌控的交际调节。各组对话中,图片一到图片二的过渡话语以及发出者具体见表3-4。

表3-4 图片一到图片二的过渡话语以及发出者

对话组	实验一	实验二
1	C1:我看这幅图的话,这场景应该是在国外了。	L1:下一个照片。
2	C2:这幅图片是描述了在国外。	C2:如果说完了咱们换下一幅图片。
3	C3:这个让我想起了,我逛街的时候。	C3:然后我们看第二个。
4	C14:这个地点是在一个桥上。	C4:然后这张照片是什么?
5	C15:啊,就是这个张,这张图片,展现给我们展现了就是。	C5:这个,这个应该是你们欧洲那边的风景,对不对。

续表

对话组	实验一	实验二
6	C16：对，我觉得这是……	C6：你能描述一下这幅图片吗？
7	C17：这个，额，这是一帮人在一起这是这种街头的乐队吧。	C7：那这个，就是，你们这块在你们街头会比较多吧。
8	C8：额，这个……	L8：这个是什么？
9	C19：这是一个街头表演。	C9：第二张图片，这个是他们在街头演奏，就是。
10	C10：很明显这张图片，我觉得应该在外国的一个地方。	C10：那我们看看这个图片吧！

由表3-4可见，实验一中，图片一到图片二的过渡话语中，"图片"或"图"一词共出现4次。在实验二中，图片一到图片二的过渡话语中，"图片"或"照片"一词共出现6次。汉语母语者对话时，话轮的转换一般采用隐性方式，而汉语母语者和留学生对话时，话轮的转换一般采用显性方式。此外，对句型进行分析发现，汉语母语者对话时一般采用陈述句，自然地从图片一过渡到图片二。然而，在实验二中，C2、C3和C10均利用祈使句给对方明确提示。另外，值得注意的是，C6利用疑问句的间接言语行为表达对对方的请求，这一点与汉语母语者之间对话时截然不同。无论是采用祈使句还是疑问句表达请求和命令，汉语母语者更倾向于给对方明确的提示，表达想要从图片一对话过渡到图片二的愿望。

（三）人际管理策略

人际管理是人际交流中的一个重要方面。在对话中，说话双方均使用一定的人际管理策略，不断调整与对方的关系，试图构建和谐、友好的人际关系。人际管理策略主要包括称呼语的使用和礼貌用语的使用等。对本研究中全部语料进行分析发现，汉语母语者之间的对话，与汉语母语者与留学生对话时在称呼语的使用、礼貌用语的使用上无显著差异。汉语母语者C1—C10均用"你"作为称呼语，"您"字从未出现。此外，未出现"请"等。

第五节 讨论与结论

一、讨论

研究一试图回答汉语母语者与留学生对话时,是否对自身语言的句法复杂度和话语流利度进行调节,以及汉语母语者对汉语学习者使用哪些调节策略。通过对比 10 名汉语母语者(编号为 C1—C10)分别与另外 10 名汉语母语者(编号为 C11—C20)和 10 名留学生的对话发现,汉语母语者之间对话时,双方在句法复杂度三项指标上和话语流利度五项指标上均无显著差异,说明汉语母语者之间对话时,未在句法复杂度和话语流利度上发生显著的交际调节。然而,汉语母语者(C1—C10)与留学生对话时的句法复杂度和话语流利度均显著低于其与汉语母语者(C11—C20)对话时的句法复杂度和话语流利度。汉语母语者和留学生对话时,双方的句法复杂度和话语流利度出现显著的趋同现象。此外,本研究发现汉语母语者与留学生对话时的交际调节受到对话留学生汉语水平的影响,控制留学生汉语水平后,汉语母语者交际调节现象消失。

本研究与 Bingham(1996)和 Sand(2012)的研究结果一致,两项研究均发现母语者对外语学习者进行交际调节。那么,为何汉语母语者与留学生对话时会显著降低句法复杂度呢?先行言语调节研究发现,在交际活动中,说话者和对话者的言语风格、价值观念和情感态度越相似,对话者越容易被说话者所吸引,说话者也越容易得到对话者的认同,即"相似吸引"(Byrne,1969)。如果说话者想获得对话者的赏识和赞许,必然调整言语交际策略,采用言语趋同方式,缩短与对话者的社会心理距离,从而成功实现交际目的(Giles,1980)。然而,本研究中,汉语母语者的语言水平显著高于留学生,其不希望通过交际调节达到获得对方赏识和赞许的目的。研究者认为,汉语母语者对留学生降低句法复杂度并非是由"相似吸引"引起,而是由于双方对话交际中的互动协同造成的。

根据互动协同理论,对话中语言理解和语言产出紧密相连,因此对话双方在许多层面上会出现协同一致的情况(Pickering & Garrod,2004)。在同一个对话中,如果说话双方使用两套不同的情景表征,一套用于自己的语言产出,另一套用于理解对方的话语,则会极大地增加双方的认知负

第三章　汉语母语者与来华留学生对话中的交际调节（研究一）

荷，降低对话效率，甚至还会产生交际障碍。因此，对话双方一般将自己的情景模式①与对方的情景模式进行协同，利用一套共同的情景模式，使对话顺利进行。除了在误解或者发生争论时，双方的情景模式可能不同以外，在正常情况下，说话双方均进行情景模式的协同。在对话时，双方进行的情景模式协同，一般以一种隐性的方式进行。总体的情景模式协同依赖于局部的语言表征的协同。为了使交际顺利进行，说话双方应发展协同的情景模式，构建"共同点"，否则两人将"不在一个频道上"，使对话难以顺利进行。

本研究中，留学生被试的汉语水平属于初级，其在中国学习经历只有一年时间。除语言水平不如汉语母语者之外，对中国文化的了解还不够充分。两者在情景模式的各种表征上存在差异。例如，留学生可能缺少有关中国春节的风俗习惯的背景知识，没有对春节构建完整详细的情景表征。因此，有些留学生会问："为什么所有人都穿红色的衣服？"此时，汉语母语者发现对方的情景模式表征和自己的情景模式表征存在空缺，便运用对方使用过的词语和句法结构进行回答，"所有人都穿红色是因为这是中国人过年的习俗。"汉语母语采用积极的协同策略，帮助对方弥补情景表征中缺少的部分。与之相对，汉语母语者之间对话时，由于双方共享图片中的情景模式表征，即图片内容为共知信息，加上双方语言水平相当。因此，本研究中，汉语母语者之间的对话未发现显著的交际调节。研究表明，降低句法复杂度能够帮助外语学习者更好地进行话语理解（Adams，1998；Bingham，1996），且只有学习者能够理解外语输入时语言习得才能发生（Krashen，1981）。

另一方面，何种原因导致汉语母语者在与留学生对话时降低话语流利度？研究者认为，由于语言水平有限，留学生从概念语义编码，到词汇、句法和语音表征的通达，需要更多的时间进行言语产出。充实停顿是词句搜索的表现（Eisler，1968）。留学生在话语产出中大量使用如"嗯"和"啊"之类的填充词语，以增加思考时间。另一方面，为降低留学生语言理解难度，汉语母语者要斟酌如何选取适当的词汇和句型，以便使对方更容易理解话语。因此，与汉语母语者对话相比，汉语母语者与留学生对话时使用了更多的填充词语，为筛选词汇和句型赢得时间，从而降低话语的流利度。

---

① 情景模式（situation model）是指对当前对话场景中空间、时间、因果、意图和所指的多维表征（Zwaan & Radvansky，1998）。

◎汉语母语者与汉语学习者对话中的交际调节研究

然而,虽然汉语母语者与留学生的句法复杂度和话语流利度十分相似,但是汉语母语者使用的连词数量显著多于留学生使用的连词。研究者认为,虽然图片描述的任务自然性比较高,但是在录音和录像情况下,被试在语言产出时对自身语言的注意力更高,其产出的语言也比真实自然交际情况下产出的语言更正式。因此,汉语母语者使用更多连词标记句式的逻辑性和正式程度。正如在 Labov(1966)的研究中,被试在不同的语言任务(访谈、朗读文章、词语表和最小对立体)中产出的语言具有不同特征,即语言正式程度越高,被试使用 /r/ 音(如:farm)的频率越高。此外,留学生的无声停顿频率显著高于汉语母语者,表明留学生在汉语口语产出过程中,由于其汉语词汇量有限,加上汉语句法编码的流畅度不足,因此出现大量无声停顿,用于提取词汇和句法形式的编码。

和汉语母语者相比,来华留学生在汉语词汇量、语法结构和文化背景知识等方面还存在众多欠缺。研究者认为,对留学生使用交际调节可从两方面促进其汉语学习。首先,交际调节能够使其对对话者产生好感,降低其焦虑感和情感过滤,促进其语言的吸收(Krashen,1985)。其次,交际调节为留学生提供可理解性输入。只有其能够理解汉语输入时,习得才能发生(Krashen,1985)。因此,交际调节理论对外语教学具有重要意义。此外,本研究发现,汉语母语者与留学生对话时使用的交际调节策略中,解释性策略占主导地位,即汉语母语者显著降低其话语长度,增加无声停顿频率和无声停顿时长、充实停顿频率和充实停顿时长。由此可见,汉语母语者试图通过降低话语复杂度和流利度,为留学生提供更多的思考时间,减轻其话语理解的认知压力和实时对话中的焦虑感。同时,汉语母语者将意义理解疑问句作为解释策略,试图确认留学生是否充分正确理解了自身话语。以上发现与交际调节理论阐释一致。然而,交际调节理论指出,解释性策略包括降低语调、延迟回答、使用意义理解核实疑问句和延长停顿。本研究发现,汉语母语者在留学生出现理解障碍时,偶尔使用语码混合的方式促进对方的意义理解。因此,研究者认为语码混合也属于解释性策略,这一发现能够拓展交际调节策略的理论内涵。

此外,汉语母语者(C1—C10)充分利用话语管理策略进行话题选择、话题过渡和积极的面子维护,提高留学生参与的愉悦性。同时,其遵守礼貌原则(Leech,1983),尽量与对方达成一致,避免分歧,并不断给对方以赞誉和鼓励,提高留学生的会话动机。最后,汉语母语者(C1—C10)与其他汉语母语者(C11—C20)和留学生对话时,在人际管理策略使用上未发现显著差异。在称呼语使用上,汉语母语者(C1—C10)均称对方为"你"。未发现使用"您"字,是由于被试之间在年龄和社会地位上不存在显著差异导致的。

二、结论

本研究发现,汉语母语者与初级汉语水平的留学生对话时,由于发现对方语言水平有限,期待通过对话与对方建立友谊,汉语母语者通过降低句法复杂度和话语流利度进行趋同调节。此外,为达到情景模式的互动协同,从而顺利地进行交流,汉语母语者有意识地使用多种疑问句。随着我国国际地位日益上升,在"一带一路"背景下,将会有越来越多的留学生和外国友人来华。汉语母语者与其交流的机会也将不断增加,汉语母语者与留学生对话能够为其提供丰富的汉语输入,提高其语言习得的效率。

为了减轻留学生,特别是汉语水平较低的留学生的心理压力,与留学生对话时,我们应适当降低话语复杂度和流利度,在为其提供充分汉语输入的同时,使其体会到中国人民的友好,并增强其汉语学习的信心。然而,本研究未能考察汉语母语者如何对不同汉语水平的留学生进行交际调节。希望下一步研究能够对该问题进行探讨。此外,考察不同汉语水平的留学生在多个情景、不同难度的言语任务中如何对汉语母语者进行交际调节,也是下一步研究的问题。

第四章 任务难度对汉语母语者交际调节的影响（研究二）

第一节 背景分析

汉语母语者与来华留学生对话中的交际调节研究发现，汉语母语者与汉语学习者对话时会通过降低话语复杂度和流利度的方式对自身语言进行调节，并使用一系列交际调节策略（解释性策略和话语管理策略），帮助留学生更好地理解自身话语。汉语母语者与来华留学生对话中的交际调节研究中，留学生被试的汉语水平属于初级，其在中国学习经历只有一年时间。除语言水平不如汉语母语者之外，对中国文化的了解还不够充分。两者在不同情景模式的表征上存在差异。例如，留学生可能缺少有关中国历史背景知识，没有对传统文化或历史场景构建交流所用的情景表征。因此，有些留学生会对不熟悉的场景更难提取恰当语汇进行语言交流。那么，汉语学习者对对话场景的熟悉度是否影响汉语母语者的交际调节？目前，虽然没有研究直接考察该问题，然而，国内外诸多研究者探讨了任务难度对汉语学习的影响（Candlin，1987；Skehan，1996），如成语理解（如雷潇，2011）、词汇记忆（如许小凤，2012）、阅读理解（如王爱平、陈叔和、舒华，2005），而在口语表达乃至自然对话任务中的研究相对有限。例如，徐琴芳（2005）发现任务难度影响语言准确度和句法复杂度，任务难度越高，语言准确度和句法复杂度越低。此外，姚艳梅（2012）发现任务难度越高，中国学生在英文口语表达方面越不流利。黄嬗（2009）通过使用不同难度的三种学习任务，要求汉语学习者进行自我介绍、故事叙述或决策，发现随着任务难度的升高，认知负荷增大，汉语学习者口语产出的流利度、复杂度和准确度降低。然而，在该研究中，不同学习任务的难度虽然不同，但各任务中的认知加工需求也不同，并且自我口语产出和自然对话中的口语产出是否会有不同也有待考察。

人们在对话中选择谈论的话题有难易之分，即话题越贴近人们的生活，

◎汉语母语者与汉语学习者对话中的交际调节研究

越熟悉,话题的难度越低。研究发现,生活中,不同的场景对外语学习者使用的交际调节具有一定影响。例如,搬迁或者移居到另一个地方后,随着居住时间的推移,人们会有意识或者无意识地根据新环境中人们使用的语言对自身语言进行调节,模仿或学习当地的语言(Trudgill,1986)。此外,在与当地居民长时间的相处中,新移居来的人民不断了解更多的地方文化习俗,对生活中各种场景逐渐熟悉,从而其交际调节更加显著。对于留学生,中国文化博大精深,由于其学习深度的不足和学习经历的有限,可以预见其在对话过程中面临不同难易程度的对话时,其将呈现出不同的语言表现能力。

研究一表明,汉语母语者与汉语学习者对话时,的确对自己话语进行了调节。那么,在与汉语学习者对话时,汉语母语者是否会根据话题的难易程度,选择不同程度的交际调节呢?目前尚未有研究考察不同的话题难度对交际调节的影响。任务难度对汉语母语者交际调节的影响研究,旨在通过控制汉语学习者熟悉度不同的情景图片操控难度,考察汉语母语者与汉语学习者对话中的交际调节是否会受情景图片难度影响。

汉语母语者之间对话时,由于双方共享图片中文化知识储备及类似的情景模式表征,即图片内容为共知信息,加上双方语言水平相当,因此,预期汉语母语者之间的对话在不同难度图片情境对话中不会出现显著的交际调节。然而,汉语母语者与汉语学习者对话时,发现对方的情景模式表征和自己的情景模式表征之间存在空缺,汉语母语者会发生内隐交际调节,即自动化交际调节,自发运用对方使用过的词语和句法结构进行回答,帮助对方弥补情景表征中缺少的部分,帮助外语学习者更好地进行话语理解(Adams,1998;Bingham,1996),且只有学习者能够理解外语输入时,语言习得才能发生(Krashen,1981)。

本研究通过设计两项实验,以揭示汉语母语者与汉语学习者对话时进行的自发交际调节是否受到对话情境任务难度(或话题情景熟悉度)影响。探讨汉语母语者与汉语学习者针对不同难度话题对话时是否都进行交际调节。如果均进行交际调节,句法复杂度和流利度在不同难度话题对话时,交际调节是否有差异?

具体实验名称如下:

(1)实验三:汉语母语者之间在高、低难度情境下的对话交流。

(2)实验四:汉语母语者与汉语学习者在高、低难度情境下的对话交流。

第四章　任务难度对汉语母语者交际调节的影响（研究二）

实验三、四中，低难度情境采用简单图片，即留学生比较熟悉的场景为实验材料，如拜年情境图片、上课情境图片；高难度情境采用中国传统文化，即留学生了解更少的情境图片作为实验材料，如传统婚礼图片、清朝皇帝早朝的图片（附录31）。

实验三"汉语母语者之间在高、低难度情境下的对话交流"，要求汉语母语者之间针对图片中的场景进行对话，探讨在低、高难度情境下汉语母语者之间对话时是否自发产生交际调节，确定两种情境对汉语母语者不存在交际调节的差异。

实验四"汉语母语者与汉语学习者在高、低难度情境下的对话交流"，要求汉语母语者与汉语学习者之间针对简单、困难图片中的场景进行对话。实验预期汉语母语者之间对话中句法复杂度和话语流利度不受对话情境难度的影响，但汉语学习者和汉语母语者对话时受到对话情境的影响，针对简单情境的对话，句法复杂度和话语流利度更高。

通过实验三、四的跨实验比较，探讨困难情境下汉语母语者与汉语学习者对话时，自发产生的交际调节比针对简单情境下进行对话时的交际调节更大。

第二节　研究方法

一、被试

20名吉林省某院校研究生与10名该校的留学生（汉语学习者）参加本研究。其中，20名中国籍被试全部来自吉林省，其平均年龄为23.8岁，标准差（SD）为1.51，其中9名男生、11名女生。8名被试的普通话水平测试结果为二级甲等，12名被试的普通话水平测试结果为二级乙等。被试来自生物（$n=5$）、数学（$n=6$）、历史（$n=4$）和地理专业（$n=5$）。10名留学生则均是在华学习至少一年的留学生，且全部通过汉语水平考试（HSK）五级。汉语学习者被试的平均年龄为22.9岁（$SD=1.03$），来自韩国（$n=1$）、俄罗斯（$n=4$）、泰国（$n=2$）和日本（$n=3$），包括男生4人、女生6人。

为确保汉语学习者能够与汉语母语者较为顺利地交流，实验开始前先对有意愿参与实验的汉语学习者进行汉语口语能力测试，测试材料、测试过程和测试成绩分析方法同研究一。由研究一可知，汉语学习者的汉语水平会影响对话过程中的交际调节，因此，控制汉语学习者汉语水平可能会带来干扰效应。本研究尽量选取汉语口语能力测试成绩之间差异并不显著的汉语学习者（附录17）。经统计，汉语学习者的汉语口语测试平均分为47.9分（$SD=0.11$），将汉语学习者的汉语口语测试成绩与其在困难和简单任务情境中的句法复杂度、话语流利度指标进行相关分析发现，不论是困难情境还是简单情境，三个句法复杂度、五个话语流利度和汉语学习者的汉语口语测试成绩的相关性均未达显著性水平，说明汉语学习者的汉语口语测试成绩得到有效控制，后续分析中也不对该变量进行控制。

同样，为控制汉语母语者的普通话水平，对两组汉语母语者的普通话水平也进行平衡，即对两组汉语母语者的全国统一普通话水平测试成绩（附录18）进行独立样本 t 检验。经统计，汉语母语者C21—C30的普通话水平平均分为86.00（$SD=2.49$），C31—C40的普通话水平平均分为86.50（$SD=2.99$），两组汉语母语者普通话水平不存在显著差异（$t=-0.406, p=0.690 > 0.05$），说明有效平衡了汉语母语者普通话水平可能带来的误差效应。

按照上述方式将分好组的汉语母语者C21—C30与汉语母语者C31—C40在组内一一配对进行实验三的任务。此外，编号为C21—C30的汉语母语者还将与汉语学习者L11—L20进行配对完成实验四的任务。参加完本研究，每位被试均可得到一份礼物作为酬谢。

二、实验材料

为保证实验材料的有效性，所选图片均为汉语学习者熟悉的中国文化场景：拜年场景、教室上课场景，以及不熟悉的清朝皇帝早朝情境、传统婚礼情境。邀请来中国一年且不参加本实验的5名汉语学习者，在李克特量表上进行场景熟悉度和对话难易度判断，其中"1"—"5"分别代表很容易、容易、一般、难、很难（附录16）。两种场景的熟悉度差异显著 $t=5.92, p < 0.01$；对话难易度差异显著 $t=7.16, p < 0.01$。

三、实验设计

实验三"汉语母语者之间在高、低难度情境下的对话交流"采用2（对话主体：汉语母语者C21—C30，汉语母语者C31—C40）×2（对话情境：

简单情境、困难情境）混合实验设计，其中对话主体是被试间变量，对话情境为被试内变量。因变量同上述研究，为句法复杂度和话语流利度两项，其中句法复杂度的测量指标包括 AS-units 词语个数、AS-units 小句个数和连词数量，话语流利度的测量指标包括平均话语长度、无声停顿频率、无声停顿时长、充实停顿频率和充实停顿时长。

实验四"汉语母语者与汉语学习者在高、低难度情境下的对话交流"采用 2（对话主体：汉语母语者 C21—C30，汉语学习者 L11—L20）×2（对话情境：简单情境、困难情境）混合实验设计，其中对话主体是被试间变量，对话情境为被试内变量。因变量同上，为句法复杂度和话语流利度两项，其中句法复杂度的测量指标包括 AS-units 词语个数、AS-units 小句个数和连词数量，话语流利度的测量指标包括平均话语长度、无声停顿频率、无声停顿时长、充实停顿频率和充实停顿时长。

第三节 实验过程

实验三"汉语母语者之间在高、低难度情境下的对话交流"作为无交际调节的控制条件，要求汉语母语者之间针对难、易两类不同情境图片进行自然对话，将 20 名中国籍被试配对组成 10 组（C21—C31，C22—C32，依此类推）。

首先，每组两人进入教室并排坐好并阅读实验说明书。实验过程中，被试参考图片中的场景、人物、事件等信息，结合自身经历进行自由发挥。为防止顺序效应，其中 5 组先由 C21—C30 汉语母语者被试发话，另外 5 组则相反，即先由 C31—C40 汉语母语者被试发话。双方本着对话交流的原则，采用 a—b—a—b 的方法交替说话，且只可以使用中文。在对话过程中，要求每张图片对话控制在 5 分钟内。在完全理解实验步骤后，实验引导员将四张图片发给被试。实验引导员对整个过程进行录音和录像。实验引导员首先将一张图片发给被试，完成描述后示意实验引导员，引导员将下一张图片分给被试。同样，被试对图片进行描述，4 张图片的描述过程共计不超过 20 分钟。实验引导员对整个过程进行录音和录像。

实验四"汉语母语者与汉语学习者被试在高、低难度情境下的对话交流"中，10 名中国籍被试和 10 名汉语学习者被试也需要按照配对组成 10 组（C21—L11，C22—L12，依此类推）。实验过程与实验三相同。

第四节 结果与分析

首先,评价者间信度(r_1)和评价者内部信度(r_2)分析结果显示,两项信度指标良好(r_1=0.873,$p < 0.001$;r_2=0.849,$p < 0.001$)。对于统计数量不一致之处,研究者进行重新统计,然后进行以下结果分析。

一、高、低难度情境下汉语母语者之间对话的言语复杂度和流利度差异分析

首先,分析汉语母语者之间针对简单、困难场景对话中句法复杂度和话语流利度的差异,具体结果见表4-1所示。

表4-1 汉语母语者之间针对难、易两类不同情境图片对话在句法复杂度和话语流利度上的差异检验结果

因变量指标	被试类型	困难情境 M(SD)	简单情境 M(SD)
AS-units 词语个数	C21—C30	17.10(1.52)	17.30(1.64)
	C31—C40	17.30(1.33)	16.90(1.62)
AS-units 小句个数	C21—C30	51.10(4.25)	53.60(3.57)
	C31—C40	51.60(3.75)	51.70(3.95)
连词数量	C21—C30	6.90(0.57)	7.00(0.67)
	C31—C40	6.90(0.57)	6.70(0.67)
平均话语长度	C21—C30	14.69(0.67)	14.63(0.43)
	C31—C40	14.86(0.46)	14.25(0.39)
无声停顿频率	C21—C30	4.30(0.48)	4.30(0.48)
	C31—C40	4.40(0.52)	4.50(0.53)
无声停顿时长	C21—C30	0.19(0.08)	0.17(0.06)
	C31—C40	0.17(0.07)	0.18(0.06)

第四章 任务难度对汉语母语者交际调节的影响（研究二）

续表

因变量指标	被试类型	困难情境 M（SD）	简单情境 M（SD）
充实停顿频率	C21—C30	1.20（0.63）	1.00（0.67）
	C31—C40	1.00（0.82）	1.00（0.67）
充实停顿时长	C21—C30	1.15（0.03）	1.15（0.03）
	C31—C40	1.15（0.02）	1.16（0.02）

对汉语母语者之间在简单、困难情境对话中的句法复杂度和话语流利度进行2×2重复测量方差分析，结果发现，在句法复杂度三项指标上，汉语母语者之间在难易情境对话时，对话主体主效应不显著，难易度主效应不显著，交互作用不显著。

具体而言，AS-units 词语个数上对话主体主效应不显著 $F(1, 18)=0.039$，$p=0.845$；材料难度差异不显著 $F(1, 18)=0.045$，$p=0.834$；交互作用不显著 $F(1, 18)=0.405$，$p=0.533$。AS-units 小句个数上对话主体主效应不显著 $F(1, 18)=0.316$，$p=0.581$；材料难度差异不显著 $F(1, 18)=1.149$，$p=0.298$；交互作用不显著 $F(1, 18)=0.979$，$p=0.336$。连词数量上，对话主体主效应不显著 $F(1, 18)=0.609$，$p=0.445$；材料难度差异不显著 $F(1, 18)=0.062$，$p=0.806$；交互作用不显著 $F(1, 18)=0.559$，$p=0.464$。

结果表明，两组汉语母语者在句法复杂度上无差异，两种材料难度不会影响汉语母语者对话交流句法复杂度。

在话语流利度五项指标上，汉语母语者之间在难易情境对话时，对话主体主效应不显著，难易度主效应不显著，交互作用不显著。具体而言，平均话语长度上，对话主体主效应不显著 $F(1, 18)=0.507$，$p=0.486$；材料难度差异不显著 $F(1, 18)=4.268$，$p=0.054$；交互作用不显著 $F(1, 18)=2.770$，$p=0.113$。

无声停顿频率上，对话主体主效应不显著 $F(1, 18)=1.110$，$p=0.306$；材料难度差异不显著 $F(1, 18)=0.083$，$p=0.778$；交互作用不显著 $F(1, 18)=0.083$，$p=0.778$。

无声停顿时长上，对话主体主效应不显著 $F(1, 18)=0.360$，$p=0.556$；材料难度差异不显著 $F(1, 18)=0.015$，$p=0.904$；交互作用不

显著 $F(1, 18)=0.027$, $p=0.872$。

充实停顿频率上,对话主体主效应不显著 $F(1, 18)=0.265$, $p=0.613$;材料难度差异不显著 $F(1, 18)=0.167$, $p=0.688$;交互作用不显著 $F(1, 18)=0.167$, $p=0.688$。

充实停顿时长上,对话主体主效应不显著 $F(1, 18)=1.182$, $p=0.291$;材料难度差异不显著 $F(1, 18)=0.651$, $p=0430$;交互作用不显著 $F(1, 18)=0.213$, $p=0.650$。

结果表明,两组汉语母语者在话语流利度上无差异,两种材料难度不会影响汉语母语者对话交流话语流利度。从汉语母语者之间在句法复杂度和话语流利度上的对比可以说明,两组汉语母语者在两种难度情境上的对话中,句法复杂度和话语流利度之间无差异,与实验预期相符。

二、高、低难度情境下汉语母语者与汉语学习者对话的言语复杂度和流利度差异分析

高、低难度情境下,汉语母语者与汉语学习者对话的言语复杂度和流利度差异分析的具体结果见表4-2所示。

表4-2 汉语母语者与汉语学习者针对难、易两类不同情境图片对话在句法复杂度和话语流利度上的差异检验结果

因变量指标	被试类型	困难情境 M(SD)	简单情境 M(SD)
AS-units 词语个数	C21—C30	10.50(1.08)	13.90(0.99)
	L11—L20	6.70(1.33)	14.00(1.05)
AS-units 小句个数	C21—C30	29.50(2.84)	40.70(3.40)
	L11—L20	18.10(3.03)	40.20(20.94)
连词数量	C21—C30	4.00(0.67)	5.00(0.67)
	L11—L20	2.40(0.52)	4.60(0.52)
平均话语长度	C21—C30	8.63(0.69)	11.32(0.79)
	L11—L20	5.39(0.96)	11.61(0.78)
无声停顿频率	C21—C30	6.40(0.52)	5.30(0.48)
	L11—L20	8.60(0.52)	5.50(0.53)

续表

因变量指标	被试类型	困难情境 M（SD）	简单情境 M（SD）
无声停顿时长	C21—C30	0.66（0.07）	0.40（0.07）
	L11—L20	0.95（0.09）	0.41（0.07）
充实停顿频率	C21—C30	3.40（0.52）	2.30（0.48）
	L11—L20	4.80（0.79）	2.40（0.52）
充实停顿时长	C21—C30	1.35（0.03）	1.25（0.03）
	L11—L20	1.45（0.03）	1.25（0.03）

对汉语母语者和汉语学习者之间在简单、困难情境对话中的句法复杂度和话语流利度进行 2×2 重复测量方差分析，结果发现，在句法复杂度三项指标上，汉语母语者与汉语学习者在难易情境对话时，对话主体主效应显著，难易度主效应显著，交互作用显著。困难图片对话交流中，汉语母语者句法复杂度高于汉语学习者，在简单图片对话交流中，汉语母语者与汉语学习者的句法复杂度无差异。

具体而言，AS-units 词语个数上对话主体主效应显著 $F(1, 18)=32.003$，$p<0.001$；材料难度差异显著 $F(1, 18)=196.269$，$p<0.001$；交互作用显著 $F(1, 18)=26.074$，$p<0.001$；对困难情境图片进行对话时，汉语母语者和汉语学习者使用 AS-units 词语个数差异显著，$t=6.99$，$p<0.001$，对简单情境图片进行对话时，汉语母语者和汉语学习者使用 AS-units 词语个数差异不显著，$t=-0.218$，$p=0.830$。

AS-units 小句个数上，对话主体主效应显著 $F(1, 18)=63.820$，$p<0.001$；材料难度差异显著 $F(1, 18)=210.327$，$p<0.001$；交互作用显著 $F(1, 18)=22.535$，$p<0.001$；对困难情境图片进行对话时，汉语母语者和汉语学习者差异显著，$t=8.676$，$p<0.001$，对简单情境图片进行对话时，汉语母语者和汉语学习者差异不显著，$t=-0.352$，$p=0.729$。

连词数量上，对话主体主效应显著 $F(1, 18)=30.00$，$p<0.001$；材料难度差异显著 $F(1, 18)=67.765$，$p<0.001$；交互作用显著 $F(1, 18)=9.529$，$p<0.001$；对困难情境图片进行对话时，汉语母语者和汉语学习者差异显著，$t=6.00$，$p<0.001$，对简单情境图片进行对话时，汉语母语者和汉语学习者差异不显著，$t=1.50$，$p=0.151$。

结果表明：两组汉语母语者在句法复杂度上存在差异，汉语母语者比汉语学习者句法更复杂；材料难度影响汉语母语者和汉语学习者对话交流时的句法复杂度，材料简单时对话中的句法更复杂；两因素交互作用的显著结果表明对话材料简单时，汉语学习者和汉语母语者句法复杂度无差异，但图片情境困难时，汉语学习者的句法复杂度明显比汉语母语者更小。

接下来，在话语流利度五项指标上，汉语母语者与汉语学习者在难易情境对话时，对话主体主效应显著，难易度主效应显著，交互作用显著；在困难图片对话交流中，汉语母语者话语流利度高于汉语学习者，在简单图片对话交流中，汉语母语者与汉语学习者话语流利度无差异。

具体而言，平均话语长度上，对话主体主效应显著$F(1, 18)=34.958, p<0.001$；材料难度差异显著$F(1, 18)=289.21, p<0.001$；交互作用显著$F(1, 18)=45.395, p<0.001$。对困难情境图片进行对话时，汉语母语者和汉语学习者差异显著，$t=-8.481, p<0.001$；对简单情境图片进行对话时，汉语母语者和汉语学习者差异不显著，$t=-0.354, p=0.727$。

无声停顿频率上，对话主体主效应显著$F(1, 18)=57.60, p<0.001$；材料难度差异显著$F(1, 18)=162.00, p<0.001$；交互作用显著$F(1, 18)=36.735, p<0.001$。对困难情境图片进行对话时，汉语母语者和汉语学习者差异显著，$t=-9.526, p<0.001$；对简单情境图片进行对话时，汉语母语者和汉语学习者差异不显著，$t=-0.885, p=0.388$。

无声停顿时长上，对话主体主效应显著$F(1, 18)=56.949, p<0.001$；材料难度差异显著$F(1, 18)=190.122, p<0.001$；交互作用显著$F(1, 18)=24.395, p<0.001$。对困难情境图片进行对话时，汉语母语者和汉语学习者差异显著，$t=7.850, p<0.001$；对简单情境图片进行对话时，汉语母语者和汉语学习者差异不显著，$t=-0.091, p=0.928$。

充实停顿频率上，对话主体主效应显著$F(1, 18)=20.876, p<0.001$；材料难度差异显著$F(1, 18)=72.059, p<0.001$；交互作用显著$F(1, 18)=9.941, p<0.01$。对困难情境图片进行对话时，汉语母语者和汉语学习者差异显著，$t=4.696, p<0.001$；对简单情境图片进行对话时，汉语母语者和汉语学习者差异不显著，$t=0.447, p=0.660$。

充实停顿时长上，对话主体主效应显著$F(1, 18)=56.084, p<0.001$；

材料难度差异显著 $F(1, 18)=156.865$，$p<0.001$；交互作用显著 $F(1, 18)=19.123$，$p<0.001$。对困难情境图片进行对话时，汉语母语者和汉语学习者差异显著，$t=7.703$，$p<0.001$；对简单情境图片进行对话时，汉语母语者和汉语学习者差异不显著，$t=0.072$，$p=0.943$。

结果表明：两组汉语母语者在话语流利度上存在差异，汉语母语者比汉语学习者话语更流利；材料难度影响汉语母语者和汉语学习者对话交流话语流利度，简单情境对话比困难情境对话中的话语流利度更高；两因素交互作用显著。对话材料简单时，汉语学习者和汉语母语者话语流利度无差异，但图片情境困难时，汉语学习者的话语流利度明显比汉语母语者更低。

三、汉语母语者在实验三和实验四中句法复杂度的变化

对汉语母语者（C21—C30）在实验三（与汉语母语者对话）和实验四（与汉语学习者对话）中的句法复杂度和话语流利度进行跨实验对比，在各项指标上进行 2（实验三、实验四）×2（简单、困难情境）重复测量方差分析。

在句法复杂度三项指标上，C21—C30 汉语母语者在实验三和实验四之间差异显著，难易度主效应显著，交互作用显著。在同为汉语母语者对话的实验三中，C21—C30 汉语母语者在难易材料对话中，句法复杂度无差异，但在与汉语学习者对话的实验四中，C21—C30 汉语母语者在难易材料对话中句法复杂度有差异，困难材料的句法复杂度显著低于简单材料。

具体而言，AS-units 词语个数上实验间主效应显著 $F(1, 9)=236.842$，$p<0.001$；材料难度差异显著 $F(1, 9)=16.11$，$p<0.01$；交互作用显著 $F(1, 9)=25.60$，$p<0.05$。与汉语母语者对话的实验三中，C21—C30 汉语母语者在难易材料对话中句法复杂度无差异，$t=0.259$，$p=0.801$；与汉语学习者对话的实验四中，C21—C30 汉语母语者在难易材料对话中，句法复杂度有差异，困难材料的句法复杂度显著低于简单材料，$t=6.053$，$p<0.001$。

AS-units 小句个数上，实验间主效应显著 $F(1,9)=376.529$，$p<0.001$；材料难度差异显著 $F(1, 9)=45.642$，$p<0.001$；交互作用显著 $F(1, 9)=10.105$，$p<0.01$。与汉语母语者对话的实验三中，C21—C30

汉语母语者在难易材料对话中句法复杂度无差异，$t=1.517$，$p=0.164$；与汉语学习者对话的实验四中，C21—C30 汉语母语者在难易材料对话中句法复杂度有差异，困难材料的句法复杂度显著低于简单材料，$t=6.377$，$p < 0.001$。

连词数量上，实验间主效应显著 $F(1, 9)=313.174$，$p < 0.001$；材料难度差异显著 $F(1, 9)=4.755$，$p < 0.05$；交互作用显著 $F(1, 9)=4.893$，$p < 0.05$。与汉语母语者对话的实验三中，C21—C30 汉语母语者在难易材料对话中句法复杂度无差异，$t=0.318$，$p=0.758$；与汉语学习者对话的实验四中，C21—C30 汉语母语者在难易材料对话中句法复杂度有差异，困难材料的句法复杂度显著低于简单材料，$t=3.00$，$p < 0.05$。

结果表明，汉语母语者与汉语学习者对话时发生了交际调节，句法复杂度降低，其中困难情境对话降低程度更大。

在话语流利度五项指标上，C21—C30 汉语母语者在实验三和实验四之间差异显著，难易度主效应显著，交互作用显著。与汉语母语者对话的实验三中，C21—C30 汉语母语者在难易材料对话中话语流利度无差异，与汉语学习者对话的实验四中，C21—C30 汉语母语者在难易材料对话中话语流利度有差异，困难材料的话语流利度显著低于简单材料。

平均话语长度上，实验间主效应显著 $F(1, 9)=881.821$，$p < 0.001$；材料难度差异显著 $F(1, 9)=28.001$，$p < 0.001$；交互作用显著 $F(1, 9)=39.910$，$p < 0.001$。与汉语母语者对话的实验三中，C21—C30 汉语母语者在难易材料对话中句法复杂度无差异，$t=0.260$，$p=0.801$；与汉语学习者对话的实验四中，C21—C30 汉语母语者在难易材料对话中句法复杂度有差异，困难材料的句法复杂度显著低于简单材料，$t=6.695$，$p < 0.001$。

无声停顿频率上，实验间主效应显著 $F(1, 9)=125.348$，$p < 0.001$；材料难度差异显著 $F(1, 9)=9.991$，$p < 0.05$；交互作用显著 $F(1, 9)=9.991$，$p < 0.05$。与汉语母语者对话的实验三中，C21—C30 汉语母语者在难易材料对话中句法复杂度无差异，$t=0.00$，$p=0.999$；与汉语学习者对话的实验四中，C21—C30 汉语母语者在难易材料对话中句法复杂度有差异，困难材料的句法复杂度显著低于简单材料，$t=4.714$，$p < 0.01$。

无声停顿时长上，实验间主效应显著 $F(1, 9)=899.093$，$p < 0.001$；材料难度差异显著 $F(1, 9)=30.694$，$p < 0.001$；交互作用显著

$F(1, 9)=16.726$,$p<0.01$。与汉语母语者对话的实验三中,C21—C30汉语母语者在难易材料对话中句法复杂度无差异,$t=0.027$,$p=0.979$;与汉语学习者对话的实验四中,C21—C30汉语母语者在难易材料对话中句法复杂度有差异,困难材料的句法复杂度显著低于简单材料,$t=6.182$,$p<0.001$。

充实停顿频率上,实验间主效应显著$F(1, 9)=169.615$,$p<0.001$;材料难度差异显著$F(1, 9)=12.570$,$p<0.01$;交互作用显著$F(1, 9)=3.488$,$p<0.05$。与汉语母语者对话的实验三中,C21—C30汉语母语者在难易材料对话中句法复杂度无差异,$t=0.612$,$p=0.555$;与汉语学习者对话的实验四中,C21—C30汉语母语者在难易材料对话中句法复杂度有差异,困难材料的句法复杂度显著低于简单材料,$t=3.973$,$p<0.01$。

充实停顿时长上,实验间主效应显著$F(1, 9)=1218.848$,$p<0.001$;材料难度差异显著$F(1, 9)=20.587$,$p<0.01$;交互作用显著$F(1, 9)=16.491$,$p<0.01$。与汉语母语者对话的实验三中,C21—C30汉语母语者在难易材料对话中句法复杂度无差异,$t=0.221$,$p=0.830$;与汉语学习者对话的实验四中,C21—C30汉语母语者在难易材料对话中句法复杂度有差异,困难材料的句法复杂度显著低于简单材料,$t=5.344$,$p<0.001$。

结果表明,汉语母语者与汉语学习者对话时发生了交际调节,话语流利度降低,其中困难情境对话降低程度更大。

第五节 讨论与结论

一、讨论

本研究试图回答汉语学习者在与汉语母语者对话时,是否对自身语言的句法复杂度和话语流利度进行调节以及这种调节是否受到对话情境难易度(汉语学习者对对话情境的熟悉度)的影响。结果发现,汉语母语者之间的对话无论对话情境难易,均无交际调节(实验三中C21—C30和C31—C40的对比);汉语学习者与汉语母语者在难易情境图片对话中均发生了交际调节现象(实验三、实验四C21—C30的对比)。随着难度增大,汉语母语者在语言句法复杂度和话语流利度上均有所显著降低(高难度对话情境的句法复杂度和话语流利度降低幅度大于低难度对话情境),即汉语学习者对情境越不熟悉,对话的汉语母语者进行的调节程度越大。

本研究结果与姚艳梅(2012)发现一致,两项研究均发现,任务难度对语言表达有显著影响,任务难度越高,认知资源储备需求越高,口语输出的复杂度和流利度则降低。此外,本研究说明了通过图片情境文化熟悉度操控任务难度的有效性,支持许小凤(2012)的调研结果,即汉语学习者对中华传统文化有不同的了解水平和熟悉度,而熟悉度影响汉语学习者的词汇记忆。词汇记忆水平影响口语输出时的数据库搜索速度,进而影响认知加工中逻辑处理的进度,最终影响对话中的反应速度和口语输出的流利度和复杂度。许小凤(2012)以海外汉语学习者为研究对象,编制了《海外汉语学习者中华传统文化熟悉度调查问卷》并对海外汉语学习者进行调查分析,了解他们的中华传统文化熟悉度的现状和特点,发现汉语学习者对中华传统文化,包括标志物、价值观念、风俗习惯三个维度有不同的了解水平,其中对中华传统文化标志物、风俗习惯的熟悉度高于平均水平。

此外,大量研究探讨了熟悉度或难度对汉语学习者对语言理解的影响,如成语理解(雷潇,2011)、词汇记忆(许小凤,2012)、阅读理解(王爱平、陈叔和、舒华,2005)。研究者认为,熟悉度高的场景能够激活更多的情景记忆和存储知识,而熟悉度低的场景对汉语学习者激活水平更低。先行研究未在自然对话中进行,因此本研究结果为这一领域提供了实证证据。

值得肯定的是,本研究结果发现,汉语母语者与汉语学习者对话时会根据不同的话题难易程度对其产出的语言进行调节,说明汉语母语者能够充分考虑留学生的汉语水平和面子问题。这一点不仅体现了心理因素对交际的影响,同时也体现了中国人民的友好和善良,在对话中给予外国人人文关怀。

研究二结果启示:对外汉语从业者应根据话题难易程度的不同,在与留学生进行对话时采取不同程度的交际调节,这样能够照顾留学生的感情,降低对方理解不熟悉的话题难易程度,提高他们的对话动机与成就感。此外,对外汉语教学中选取教学任务和教学材料时,需要从汉语学习者对中国文化熟悉度(话题熟悉度)的了解水平出发,选择对汉语学习者合适难度的学习材料辅助教学。然而,本研究也存在不足。例如,本研究的图片数量少,任务形式较为单一,得出的结论有一定局限性。未来,研究需要继续探讨任务难度变化对交际调节的边界条件以及对汉语学习者汉语水平的提高。

二、结论

本研究旨在通过操控用于辅助对话的图片内容对于汉语学习者的熟悉度，考察汉语母语者与汉语学习者对话中进行交际调节如何受到话题熟悉度（任务难度）的影响。实验结果发现，汉语学习者对情境的熟悉度或者对话情境的难易度能够影响交际调节水平，即汉语母语者与汉语学习者针对不同难度话题进行对话时均进行交际调节。随着难度的不断加大，汉语母语者显著降低其语言的句法复杂度和话语流利度。研究表明，汉语学习者对话题情景越不熟悉，汉语母语者对汉语学习者进行交际调节程度越大。

第五章　反馈类型对汉语学习者交际调节的影响（研究三）

第一节　背景分析

由研究一与研究二可知，汉语母语者在与汉语学习者对话过程中，会在语言上使用趋同或趋异调节等交际调节策略，且汉语母语者会根据对话话题的难易度，对自身话语进行不同程度的调节。交际调节是一种人际互动过程中出现的策略，对话一方会根据对话另一方的语言水平、身份、地位及其与自身关系，改变自身语言的复杂度或流利度。对话是一个双向过程，说话人和听话人的角色随着话轮的改变而改变，即说话人在发话完毕后变为听话人；听话人在听说话人发话后变为说话人。在这个动态的交际过程中，双方均有可能根据语境和社交目的不同而改变角色，并随时调整自身语言，以更好地适应当下的交际过程。

交际调节理论认为，与外语学习者在交际时，母语者考虑到外语学习者的情感因素，为了表示对外语学习者的尊重，鼓励其使用外语，常常根据对方语言水平对自身语言进行调节，即使用外国人指向语。同时，为了顺利地交流并且学到更多外语知识，外语学习者也会调节自身的言语行为，努力融入外语母语者的圈子，拉近与母语者之间的心理距离，从而实现交际收益的最大化。在汉语母语者与汉语学习者对话时，可以预见的是汉语母语者会做出交际调节，汉语学习者可能也会做出交际调节。依据交际调节理论和相似吸引理论，有理由推断汉语学习者在与汉语母语者对话时，会对汉语母语者的语言进行模范，即在句子长度、停顿、语速、重复和发音等方面，试图将自身语言更接近汉语母语者的语言。先行言语协同研究发现，与本族语者对话时，外语学习者可以通过模仿对方语言，提高其外语的发音能力（Trofimovich，2013）。

◎汉语母语者与汉语学习者对话中的交际调节研究

同时，对话交流中，每个话轮不是孤立存在的，后一个话轮总是建立在前一个话轮基础上，对前一个话轮进行补充、修正、拓展、评价和反馈。反馈不仅在母语者对话间普遍存在，在母语者和外语学习者的对话中同样常见。此外，反馈也常被作为教师对学生学习过程中的重要干预手段之一，被普遍运用于教育和教学活动中（邹雨晨、丁颖、张旭然、李燕芳，2018），其在第二语言学习与教学中也具有独特地位，可以视为是对二语学习者言语行为做出的反应。

大量研究探讨了反馈在二语学习者语言学习过程中的作用，以及对于二语学习者学习效果的影响（Li, Zhu & Ellis, 2016；林殿芳、王俊菊，2018；王颖、刘振前，2012；张凯、王慧敏，2017）。其中，反馈刺激本身的特征对二语学习者语言学习的作用是研究热点。反馈刺激根据不同的标准，可以分为不同类型。比如，按照反馈性质不同，反馈刺激可以分为积极反馈和消极反馈。积极反馈指对接受者的任务表现出肯定评价，这种反馈能够起到激励接受者的作用。与之相反，消极反馈指对接受者的任务表现做出否定评价，这样的反馈会引起接受者的警觉，使其调整接下来的反应。

鉴于反馈在语言学习过程中的重要性，那么，在汉语学习者的语言学习过程中应给予其什么类型的反馈，是积极反馈还是消极反馈更好呢？这是教育者非常关注的一个问题。交际调节作为汉语学习者语言学习过程中的一个重要现象，其可能受到汉语母语者给予的反馈类型影响。对此，为更好地促进汉语学习者的交际调节，有必要探讨汉语母语者的反馈类型对汉语学习者交际调节的影响。

综上所述，本研究旨在回答具体研究问题——汉语母语者在对话中的反馈类型是否会影响汉语学习者在对话中进行的交际调节？对此，研究设置无汉语母语者反馈对话实验、有汉语母语者积极反馈的对话实验和有汉语母语者消极反馈的对话实验，考察三种情境下汉语学习者的交际调节情况以及在交际调节使用程度中是否存在差异。本研究包括的具体实验名称如下：

（1）实验五：无反馈条件下汉语学习者在对话过程中交际调节使用情况。

（2）实验六：积极反馈条件下汉语学习者在对话过程中交际调节使用情况。

（3）实验七：消极反馈条件下汉语学习者在对话过程中交际调节使用情况。

实验五"无反馈条件下汉语学习者在对话过程中交际调节使用情况"作为基线实验，其结果用于与实验六、七结果进行对比，以探讨自然情况下，汉语学习者与汉语母语者进行对话时的交际调节使用情况。

实验六"积极反馈条件下汉语学习者在对话过程中交际调节使用情况"和实验七"消极反馈条件下汉语学习者在对话过程中交际调节使用情况"的结果，将与实验五进行对比，以回答积极反馈和消极反馈对汉语学习者使用交际调节的影响。

第二节　研究方法

一、被试

30名吉林省某大学研究生（C41—C70）与30名该校汉语学习者（L21—L50）参加本研究。30名中国籍被试全部来自吉林省，其平均年龄为25.7岁，标准差（SD）为1.15，其中9名男生、21名女生。16名被试的普通话水平测试结果为二级甲等，14名被试的普通话水平测试结果为二级乙等。被试分别来自物理（$n=6$）、地理（$n=6$）、生物（$n=6$）、教育（$n=6$）和历史（$n=6$）专业。

30名汉语学习者均是已在华学习至少一年的留学生，且全部通过汉语水平考试（HSK）五级。汉语学习者被试的平均年龄为21.6岁（$SD=0.61$），来自韩国（$n=7$）、俄罗斯（$n=8$）、马来西亚（$n=5$）、泰国（$n=4$）和日本（$n=6$），其中男生13人、女生17人。

为确保汉语学习者能够与汉语母语者较为顺利地交流，并控制汉语学习者汉语水平可能会带来的干扰效应，研究者对汉语学习者进行了汉语口语能力测试（附录20），测试材料、测试过程和测试成绩分析方法同研究一。经统计，汉语学习者的汉语口语测试平均分为48.01（$SD=0.56$），将30名汉语学习者分成3组，每组各10人，要求三组汉语学习者的汉语口语测试平均分不存在显著差异。结果表明，无反馈组的汉语学习者汉语口语测试平均分为47.94（$SD=0.46$），积极反馈组的汉语学习者汉语口语测试平均分为 48.16（$SD=0.47$），消极反馈组的汉语学习者汉语口语测试平均分为 47.94（$SD=0.74$）。

对三组反馈类型的汉语学习者汉语口语测试成绩进行单因素方差分析，结果表明，三组反馈类型的汉语学习者汉语口语测试成绩不存在显著差异（$F=0.491$，$p=0.617>0.05$），说明有效控制了汉语学习者汉语口语能力可能带来的误差效应。

同样，为控制汉语母语者的普通话水平（附录21），对三组汉语母语者的普通话水平也进行平衡，即对三组汉语母语者全国统一普通话水平测试成绩进行单因素方差分析。经统计，汉语母语者的普通话水平平均分为 86.97（$SD=2.89$），三组汉语母语者普通话水平不存在显著差异（$F=0.093$，$p=0.911>0.05$），也说明有效控制了汉语母语者普通话水平可能带来的误差效应。

最终，将无反馈组的汉语母语者编号为 C41—C50，与其相配对的汉语学习者编号为 L21—L30；将积极反馈组的汉语母语者编号为 C51—C60，与其相配对的汉语学习者编号为 L31—L40；将消极反馈组的汉语母语者编号为 C61—C70，与其相配对的汉语学习者编号为 L41—L50。参加完本研究，每位被试均可得到一份礼物作为酬谢。

二、实验材料

实验五、实验六和实验七均采用相同的两张照片。同研究一，图片一描述的是年轻人领着孩子回家和父母过年的场景；图片二描述的是国外街头艺人演奏乐器的场景。

第三节　实验过程

实验五"无反馈条件下汉语学习者在对话过程中交际调节使用情况"中，10名中国籍被试和10名汉语学习者按照配对组成10组（C41—L21，C42—L22，依此类推）。首先，每组两人进入教室并排坐好并阅读实验说明书（附录5）。

实验过程中，被试参考图片中的场景、人物、事件等信息，结合自身经历进行自由发挥。为防止顺序效应,其中 5 组被试在图片一先由中国籍被试发话,图片二则先由汉语学习者发话;另外 5 组被试则相反,即图片一先由汉语学习者发话,图片二则先由中国籍被试发话。双方本着对话交流原则,采用 a—b—a—b 的方法交替说话,且只可以使用中文。在对话过程中,要求汉语母语者对汉语学习者的陈述内容不做出任何带有积极或消极的评价性反馈,尽量采用一些中性词汇,每张图片对话控制在 5 分钟内。在完全理解实验步骤后,实验引导员将两张照片发给被试。实验引导员对整个过程进行录音和录像。

实验六:"积极反馈条件下汉语学习者在对话过程中交际调节使用情况"中,10 名中国籍被试和 10 名汉语学习者也按照配对组成 10 组(C51—L31,C52—L32,依此类推)。除了要求汉语母语者用带有积极性评价的话语对汉语学习者的陈述内容做出反馈(如"对,你说得很棒"或"我相信你可以做到"等带有鼓励性的话语)外,实验过程与实验一相同。

实验七:"消极反馈条件下汉语学习者在对话过程中交际调节使用情况"中,10 名中国籍被试和 10 名汉语学习者也按照配对组成 10 组(C61—L41,C62—L42,依此类推)。除了要求汉语母语者用带有消极性评价的话语对汉语学习者的陈述内容做出反馈(如"不对,你说错了")外,实验过程与实验一相同。

第四节 结果与分析

首先,评价者间信度(r_1)和评价者内部信度(r_2)分析结果显示,两项信度指标良好($r_1=0.903$,$p<0.001$;$r_2=0.912$,$p<0.001$)。对于统计数量不一致之处,研究者进行重新统计,然后进行以下结果分析。

一、无反馈条件下汉语学习者在对话过程中交际调节使用情况

首先,确定无反馈条件下,汉语学习者与汉语母语者对话过程中是否发生交际调节,具体结果见表 5-1 所示。

◎汉语母语者与汉语学习者对话中的交际调节研究

表 5-1 无反馈条件下汉语学习者与汉语母语者
在句法复杂度和话语流利度上的差异检验结果

因变量指标	被试类型	第10分钟 M(SD)	t	p	第1分钟 M(SD)	t	p
AS-units 词语个数	汉语学习者	12.00(1.15)	−1.868	0.078	6.80(0.79)	−19.543	<0.001
	汉语母语者	12.90(0.99)			18.90(1.79)		
AS-units 小句个数	汉语学习者	10.40(0.84)	−1.616	0.123	6.90(0.88)	−13.470	<0.001
	汉语母语者	11.00(0.82)			15.30(1.77)		
连词数量	汉语学习者	0.90(0.74)	−0.606	0.552	0.50(0.53)	−8.143	<0.001
	汉语母语者	1.10(0.74)			2.40(0.52)		
平均话语长度	汉语学习者	8.63(0.72)	−1.581	0.131	5.43(0.53)	−33.815	<0.001
	汉语母语者	9.10(0.61)			14.20(0.63)		
无声停顿频率	汉语学习者	1.40(0.52)	1.500	0.151	1.60(0.52)	4.714	<0.001
	汉语母语者	1.00(0.67)			0.50(0.53)		
无声停顿时长	汉语学习者	0.90(0.03)	1.891	0.076	1.00(0.03)	29.228	<0.001
	汉语母语者	0.87(0.03)			0.62(0.03)		
充实停顿频率	汉语学习者	1.30(0.48)	1.987	0.063	1.40(0.52)	3.464	0.003
	汉语母语者	0.80(0.63)			0.60(0.52)		
充实停顿时长	汉语学习者	1.40(0.03)	1.806	0.088	1.48(0.02)	17.093	<0.001
	汉语母语者	1.38(0.03)			1.27(0.03)		

对汉语学习者与汉语母语者在第 1 分钟内的句法复杂度和话语流利度进行独立样本 t 检验，结果发现，汉语学习者与汉语母语者在第 1 分钟内

的句法复杂度的三项指标和话语流利度的五项指标上均存在显著差异（all $ps < 0.01$）。汉语母语者的三项句法复杂度指标显著高于汉语学习者，汉语母语者的平均话语长度显著高于汉语学习者，其他四项话语流利度指标显著低于汉语学习者，即表明相较于汉语学习者，汉语母语者使用的句法更为复杂，话语也更为流利。

对汉语学习者与汉语母语者在第 10 分钟内的句法复杂度和话语流利度进行独立样本 t 检验，结果发现，汉语学习者与汉语母语者在第 10 分钟内的句法复杂度的三项指标和话语流利度的五项指标上均不存在显著差异（all $ps > 0.05$），表明汉语学习者使用的句法复杂度和汉语母语者相近。从汉语母语者与汉语学习者在句法复杂度和话语流利度上的变化可以说明，无反馈条件下，汉语学习者与汉语母语者对话过程中进行了交际调节，可能是汉语学习者和汉语母语者在对话过程中向对方进行了趋同调节策略，使得他们的句法复杂度和话语流利度从第 1 分钟的显著差异转变到第 10 分钟的无显著差异。

然后，在这一交际调节过程中，为确定汉语学习者是否进行了交际调节以及是发生趋同调节还是趋异调节，对汉语学习者第 1 分钟内的句法复杂度和话语流利度与第 10 分钟内的句法复杂度和话语流利度进行配对样本 t 检验，具体结果见表 5-2 所示。

表 5-2 无反馈条件下汉语学习者句法复杂度和话语流利度在第 10 分钟与第 1 分钟内的差异检验结果

因变量指标	第 10 分钟 $M(SD)$	第 1 分钟 $M(SD)$	t	p
AS-units 词语个数	12.00（1.15）	6.80（0.79）	14.484	< 0.001
AS-units 小句个数	10.40（0.84）	6.90（0.88）	13.024	< 0.001
连词数量	0.90（0.74）	0.50（0.53）	2.449	0.037
平均话语长度	8.63（0.72）	5.43（0.53）	11.529	< 0.001
无声停顿频率	1.40（0.52）	1.60（0.52）	−0.612	0.555
无声停顿时长	0.90（0.03）	1.00（0.03）	−11.759	< 0.001
充实停顿频率	1.30（0.48）	1.40（0.52）	−0.361	0.726
充实停顿时长	1.40（0.03）	1.48（0.02）	−8.852	< 0.001

结果发现，在汉语学习者句法复杂度的三项指标上，第 10 分钟要显著高于第 1 分钟（all $ps < 0.05$），说明汉语学习者的句法复杂度有显著增高；在话语流利度的五项指标上，平均话语长度上表现为第 10 分钟显著高于第 1 分钟（$p < 0.001$）；无声停顿时长和充实停顿时长上，表现为第 10 分钟显著低于第 1 分钟（all $ps < 0.001$），但在无声停顿频率和充实停顿频率方面，则无显著差异（all $ps > 0.05$），说明汉语学习者的话语流利度在整体上是有显著增高。由此可知，无反馈条件下，汉语学习者在与汉语母语者对话过程中，有进行向汉语母语者的趋同调节策略。

二、积极反馈条件下汉语学习者在对话过程中交际调节使用情况

首先，确定积极反馈条件下，汉语学习者与汉语母语者对话过程中是否发生交际调节，具体结果见表 5-3 所示。

表 5-3 积极反馈类型下汉语学习者与汉语母语者
在句法复杂度和话语流利度上的差异检验结果

因变量指标	被试类型	第 10 分钟			第 1 分钟		
		$M(SD)$	t	p	$M(SD)$	t	p
AS-units 词语个数	汉语学习者	13.80 (1.48)	−1.391	0.181	7.30 (1.16)	−18.821	< 0.001
	汉语母语者	14.70 (1.42)			19.80 (1.75)		
AS-units 小句个数	汉语学习者	11.70 (1.16)	−1.596	0.128	6.30 (0.95)	−13.565	< 0.001
	汉语母语者	12.50 (1.08)			15.40 (1.90)		
连词数量	汉语学习者	1.50 (0.53)	−0.885	0.388	0.40 (0.52)	−11.384	< 0.001
	汉语母语者	1.70 (0.48)			2.80 (0.42)		

续表

因变量指标	被试类型	第10分钟			第1分钟		
		M(SD)	t	p	M(SD)	t	p
平均话语长度	汉语学习者	10.22(0.37)	-1.746	0.098	5.59(0.65)	-32.573	<0.001
	汉语母语者	10.54(0.46)			14.11(0.51)		
无声停顿频率	汉语学习者	0.80(0.63)	1.152	0.265	1.60(0.52)	4.330	<0.001
	汉语母语者	0.50(0.53)			0.60(0.52)		
无声停顿时长	汉语学习者	0.76(0.03)	1.362	0.190	1.00(0.03)	21.203	<0.001
	汉语母语者	0.74(0.03)			0.64(0.04)		
充实停顿频率	汉语学习者	0.80(0.42)	0.493	0.628	1.60(0.52)	3.795	0.001
	汉语母语者	0.70(0.48)			0.80(0.42)		
充实停顿时长	汉语学习者	1.35(0.02)	1.586	0.131	1.47(0.02)	14.502	<0.001
	汉语母语者	1.34(0.01)			1.26(0.04)		

对汉语学习者与汉语母语者在第1分钟内的句法复杂度和话语流利度进行独立样本 t 检验，结果发现，汉语学习者与汉语母语者在第1分钟内句法复杂度的三项指标和话语流利度的五项指标上均存在显著差异（all ps < 0.01）。汉语母语者的三项句法复杂度指标显著高于汉语学习者，汉语母语者的平均话语长度显著高于汉语学习者，其他四项话语流利度指标显著低于汉语学习者，即表明相较于汉语学习者，汉语母语者使用的句法更为复杂，话语也更为流利。

对汉语学习者与汉语母语者在第10分钟内的句法复杂度和话语流利

度进行独立样本 t 检验，结果发现，汉语学习者与汉语母语者在第 10 分钟内的句法复杂度的三项指标和话语流利度的五项指标上均不存在显著差异（all $ps > 0.05$），表明汉语母语者的句法复杂度和话语流利度与汉语学习者相近。由此说明，积极反馈条件下，汉语学习者与汉语母语者对话过程中进行了交际调节。

然后，在这一交际调节过程中，为确定汉语学习者是否进行了交际调节以及是发生趋同调节还是趋异调节，对汉语学习者的第 1 分钟内的句法复杂度和话语流利度与第 10 分钟内的句法复杂度和话语流利度进行配对样本 t 检验，具体结果见表 5-4 所示。

表 5-4 积极反馈条件下汉语学习者句法复杂度和话语流利度
在第 10 分钟与第 1 分钟内的差异检验结果

因变量指标	第 10 分钟 M (SD)	第 1 分钟 M (SD)	t	p
AS-units 词语个数	13.80（1.48）	7.30（1.16）	19.030	< 0.001
AS-units 小句个数	11.70（1.16）	6.30（0.95）	20.250	< 0.001
连词数量	1.50（0.53）	0.40（0.52）	4.714	0.001
平均话语长度	10.22（0.37）	5.59（0.65）	27.614	< 0.001
无声停顿频率	0.80（0.63）	1.60（0.52）	-4.000	0.003
无声停顿时长	0.76（0.03）	1.00（0.03）	-16.755	< 0.001
充实停顿频率	0.80（0.42）	1.60（0.52）	-6.000	< 0.001
充实停顿时长	1.35（0.02）	1.47（0.02）	-15.545	< 0.001

结果发现，在汉语学习者句法复杂度的三项指标上，第 10 分钟要显著高于第 1 分钟（all $ps < 0.01$），说明汉语学习者使用的句法复杂度有显著增高；在话语流利度的五项指标上，第 10 分钟的平均话语长度要显著高于第 1 分钟（$ps < 0.001$），其他四项指标则是表现为第 10 分钟显著低于第 1 分钟（all $ps < 0.01$），说明汉语学习者使用的话语流利度也有显著增高。由此可知，积极反馈条件下，汉语学习者在与汉语母语者对话过程中进行了向汉语母语者的趋同调节策略。

三、消极反馈条件下汉语学习者在对话过程中交际调节使用情况

首先,确定消极反馈条件下,汉语学习者与汉语母语者对话过程中是否发生交际调节,具体结果见表5-5所示。

表5-5 消极反馈条件下汉语学习者与汉语母语者
在句法复杂度和话语流利度上的差异检验结果

因变量指标	被试类型	第10分钟 M(SD)	t	p	第1分钟 M(SD)	t	p
AS-units 词语个数	汉语学习者	10.30(0.95)	-1.909	0.072	7.00(1.15)	-16.884	<0.001
	汉语母语者	11.00(0.67)			18.10(1.73)		
AS-units 小句个数	汉语学习者	8.30(0.95)	-1.470	0.159	6.30(0.95)	-20.162	<0.001
	汉语母语者	8.90(0.88)			16.20(1.23)		
连词数量	汉语学习者	0.50(0.53)	-0.885	0.388	0.60(0.52)	-7.603	<0.001
	汉语母语者	0.70(0.48)			2.30(0.48)		
平均话语长度	汉语学习者	6.88(0.41)	-1.981	0.064	5.14(0.63)	-32.225	<0.001
	汉语母语者	7.20(0.31)			14.02(0.60)		
无声停顿频率	汉语学习者	1.70(0.48)	1.987	0.063	1.50(0.53)	3.539	0.002
	汉语母语者	1.20(0.63)			0.70(0.48)		
无声停顿时长	汉语学习者	1.01(0.04)	1.589	0.130	0.99(0.05)	17.427	<0.001
	汉语母语者	0.98(0.03)			0.63(0.04)		

续表

因变量指标	被试类型	第10分钟			第1分钟		
		M(SD)	t	p	M(SD)	t	p
充实停顿频率	汉语学习者	1.70（0.48）	1.524	0.145	1.50（0.53）	3.539	0.002
	汉语母语者	1.30（0.67）			0.70（0.48）		
充实停顿时长	汉语学习者	1.46（0.02）	1.907	0.073	1.47（0.03）	17.830	< 0.001
	汉语母语者	1.45（0.02）			1.28（0.02）		

对汉语学习者与汉语母语者在第1分钟内的句法复杂度和话语流利度进行独立样本 t 检验，结果发现，汉语学习者与汉语母语者在第1分钟内的句法复杂度的三项指标和话语流利度的五项指标上均存在显著差异（all $ps < 0.001$）。汉语母语者的三项句法复杂度指标显著高于汉语学习者，汉语母语者的平均话语长度显著高于汉语学习者，其他四项话语流利度指标显著低于汉语学习者，即表明相较于汉语学习者，汉语母语者使用的句法更为复杂，话语也更为流利。

对汉语学习者与汉语母语者在第10分钟内的句法复杂度和话语流利度进行独立样本 t 检验，结果发现，汉语学习者与汉语母语者在第10分钟内的句法复杂度的三项指标和话语流利度的五项指标上均不存在显著差异（all $ps > 0.05$），表明汉语母语者的句法复杂度和话语流利度与汉语学习者相近。由此说明，消极反馈条件下，汉语学习者与汉语母语者对话过程中进行了交际调节。

然后，在这一交际调节过程中，为确定汉语学习者是否进行了交际调节以及是发生趋同调节还是趋异调节，对汉语学习者第1分钟内的句法复杂度和话语流利度与第10分钟内的句法复杂度和话语流利度进行配对样本 t 检验，具体结果见表5-6所示。

表 5-6　消极反馈条件下汉语学习者句法复杂度和话语流利度
在第 10 分钟与第 1 分钟内的差异检验结果

因变量指标	第 10 分钟 M（SD）	第 1 分钟 M（SD）	t	p
AS-units 词语个数	10.30（0.95）	7.00（1.15）	12.676	< 0.001
AS-units 小句个数	8.30（0.95）	6.30（0.95）	9.487	< 0.001
连词数量	0.50（0.53）	0.60（0.52）	−0.361	0.726
平均话语长度	6.88（0.41）	5.14（0.63）	6.187	< 0.001
无声停顿频率	1.70（0.48）	1.50（0.53）	0.802	0.443
无声停顿时长	1.01（0.04）	0.99（0.05）	0.730	0.484
充实停顿频率	1.70（0.48）	1.50（0.53）	0.802	0.443
充实停顿时长	1.46（0.02）	1.47（0.03）	−0.488	0.637

由表 5-6 可见，在汉语学习者句法复杂度的三项指标上，第 10 分钟的 AS-units 词语个数和 AS-units 小句个数显著高于第 1 分钟（all ps < 0.001），而第 10 分钟与第 1 分钟内使用的连词数量不存在显著差异，说明汉语学习者的句法复杂度在一定程度上有所显著增高。在话语流利度方面，汉语学习者在平均话语长度上存在显著差异（p < 0.001），第 10 分钟的平均话语长度要显著高于第 1 分钟，但在其他四项指标上不存在显著差异（all ps > 0.05），说明汉语学习者话语流利度的提升程度并不多。总体上而言，消极反馈条件下，汉语学习者在与汉语母语者对话过程中会进行较小程度向汉语母语者的趋同调节策略。

四、汉语学习者的交际调节量在不同反馈类型上的差异检验

由上述结果可知，汉语学习者在三类条件下均进行了向汉语母语者的趋同调节策略，但积极反馈条件下交际调节的所有指标都表明发生了趋同调节，而反映趋同调节发生的指标显著数量则随无反馈条件、消极反馈条件依次减少，从侧面反映出反馈类型可能会影响汉语学习者采取趋同调节的程度。为了明确汉语学习者趋同调节策略的使用程度是否会因为汉语母

语者的反馈类型而存在显著差异,本研究将采用以下方式进行三个实验间的跨实验比较。

首先,通过计算获得汉语学习者在句法复杂度和话语流利度上的变化量,即用第10分钟内的句法复杂度和话语流利度减去第1分钟内的句法复杂度和话语流利度。在句法复杂度和话语流利度的平均话语长度指标上,如果变化量为正,表明汉语学习者使用的句法复杂度越高、话语流利度越高,即越有可能模仿汉语母语者,做出趋同调节;在话语流利度的其他四项指标上,如果变化量为负,表明汉语学习者的话语流利度越来越流利,也反映了趋同调节的可能性,但如果变化量为正,表明趋异调节的可能,将该变化量作为因变量,做以汉语母语者的反馈类型为自变量的单因素方差分析,以此揭示汉语母语者的反馈类型是否会影响汉语学习者的交际调节。如果存在显著差异,则表明汉语母语者的反馈类型会影响汉语学习者趋同调节策略的使用程度,具体结果见表5-7所示。

表5-7 汉语学习者的句法复杂度和话语流利度的变化量在反馈类型上的差异检验

因变量指标	积极反馈 $M(SD)$	无反馈 $M(SD)$	消极反馈 $M(SD)$	F	p
AS-units 词语个数	6.50(1.08)	5.20(1.14)	3.30(0.82)	24.798	<0.001
AS-units 小句个数	5.40(0.84)	3.50(0.85)	2.00(0.67)	46.385	<0.001
连词数量	1.10(0.74)	0.40(0.52)	0.10(0.88)	6.908	0.004
平均话语长度	4.63(0.53)	3.20(0.88)	1.74(0.89)	33.874	<0.001
无声停顿频率	−0.80(0.63)	−0.20(1.03)	0.20(0.79)	3.638	0.040
无声停顿时长	−0.24(0.04)	−0.10(0.03)	0.02(0.07)	63.694	<0.001
充实停顿频率	−0.80(0.42)	−0.10(0.88)	0.20(0.79)	5.043	0.014
充实停顿时长	−0.11(0.02)	−0.08(0.03)	0.00(0.03)	47.819	<0.001

由表5-7可见,在句法复杂度方面,AS-units 词语个数 $[F(2, 27) = 24.798, p < 0.001]$、AS-units 小句个数 $[F(2, 27) = 46.385, p < 0.001]$

第五章 反馈类型对汉语学习者交际调节的影响（研究三）

和连词数量 $[F(2, 27)=6.908, p<0.01]$ 三项指标在三种反馈类型上均存在显著差异。通过事后比较发现，在 AS-units 词语个数指标，积极反馈类型下的复杂度显著高于无反馈类型（$p=0.008<0.01$）和消极反馈类型（$p<0.001$），无反馈类型下的复杂度也显著高于消极反馈类型（$p<0.001$）；在 AS-units 小句个数指标上，积极反馈类型下的复杂度显著高于无反馈类型（$p<0.001$）和消极反馈类型（$p<0.001$），无反馈类型下的复杂度也显著高于消极反馈类型（$p<0.001$）；在连词数量指标上，积极反馈类型下的复杂度显著高于无反馈类型（$p=0.040<0.05$）和消极反馈类型（$p=0.001<0.01$），无反馈类型与消极反馈类型无显著差异（$p=0.135>0.05$）。

在话语流利度方面，平均话语长度 $[F(2, 27)=33.874, p<0.001]$、无声停顿频率 $[F(2, 27)=3.638, p=0.040<0.05]$、无声停顿时长 $[F(2,27)=63.694, p<0.001]$、充实停顿频率 $[F(2,27)=5.043, p=0.014<0.05]$ 和充实停顿时长 $[F(2, 27)=47.819, p<0.001]$，五项指标在三种反馈类型上均存在显著差异。通过事后比较发现，在平均话语长度指标上，积极反馈类型下的流利度显著高于无反馈类型（$p<0.001$）和消极反馈类型（$p<0.001$），无反馈类型下的流利度也显著高于消极反馈类型（$p<0.001$）；在无声停顿频率指标上，积极反馈类型下的流利度显著高于消极反馈类型（$p=0.012<0.05$），积极类型与无反馈类型无显著差异（$p=0.120>0.05$），无反馈类型与消极反馈类型也无显著差异（$p=0.293>0.05$）；在无声停顿时长指标上，积极反馈类型下的流利度显著高于无反馈类型（$p<0.001$）和消极反馈类型（$p<0.001$），无反馈类型下的流利度也显著高于消极反馈类型（$p<0.001$）；在充实停顿频率指标上，积极反馈类型下的流利度显著高于无反馈类型（$p=0.039<0.05$）和消极反馈类型（$p=0.005<0.01$），无反馈类型与消极反馈类型无显著差异（$p=0.361>0.05$）；在充实停顿时长指标上，积极反馈类型下的流利度显著高于无反馈类型（$p=0.003<0.01$）和消极反馈类型（$p<0.001$），无反馈类型下的流利度也显著高于消极反馈类型（$p<0.001$）。

由此可见，汉语母语者在与汉语学习者对话过程中给予的反馈类型会影响汉语学习者使用趋同调节策略的程度。与无反馈类型这一基线条件相比，积极反馈类型可以增强趋同调节策略的使用程度；消极反馈类型则会减弱趋同调节策略的使用程度，甚至会采用趋异调节策略。

第五节 讨论与结论

一、讨论

本研究试图回答汉语学习者在与汉语母语者对话时，是否对自身语言的句法复杂度和话语流利度进行调节，以及这种调节是否受到汉语母语者反馈类型的影响。结果发现，不论在无反馈条件、积极反馈条件还是消极反馈条件下，汉语学习者与汉语母语者在对话过程中均发生交际调节现象，且随着实验的进行，汉语学习者在语言句法复杂度和话语流利度上均显著增强，即汉语学习者使用趋同调节。根据交际调节理论和相互吸引理论，汉语学习者在与汉语母语者进行对话过程中，确实会依据对方话语在句子长度、停顿、语速、重复和发音等方面进行模仿。模仿不仅可以促进学习者的语言习得，同时帮助其与对话者建立良好的人际关系，促进与对方的沟通交流。此外，本研究结果发现，虽然在三种类型中，汉语学习者均进行了趋同调节，但其使用程度受到反馈类型影响。具体来说，相比无反馈调节，积极反馈会增强汉语学习者的趋同调节使用策略，而消极反馈则会降低汉语学习者的趋同调节使用策略。

那么，为何积极反馈能够促进趋同调节呢？虽然尚未有研究直接考察反馈类型对于汉语学习者交际调节的作用，但是本研究结果在一定程度上呼应了以往相关研究结果。例如，从交际意愿角度出发，汉语学习者在与汉语母语者对话过程中发生向汉语母语者的趋同调节策略反映学习者自主发起的交际意愿。通过焦点式写作和访谈发现，在所有影响学生在课堂上交流意愿的因素中，教师反馈类型的影响是最大的（林殿芳、王俊菊，2018）。具体而言，教师的积极反馈对学生课堂交流意愿的影响高于消极反馈，当教师对学生做出积极正面反馈时，学生会努力参与到课堂交流中，但消极反馈可能会让学生失去信心，不愿意参与课堂，缺失交流意愿。朱彦（2014）的研究也得出相似结果，即学习者希望得到教师的积极反馈，且认为如果教师在与学生互动交流过程中能够通过较为礼貌的方式给学生保留足够的"面子"，他们的学习效果也会更好。在这些相似研究结果中可以看出，教师言语反馈过程中调动的学生情感因素可能是语言学习者自主发起交际意愿的重要影响因素。

第五章　反馈类型对汉语学习者交际调节的影响（研究三）

根据 Krashen（1982）的"情感过滤假说"，情感过滤是一种阻碍学习者完全消化其学习中获得综合信息输入的情感障碍。当学习者在学习语言过程中产生情感障碍时，其语言学习效果会受到消极影响。学生容易受到他人影响的情感因素主要有学习动机、学习焦虑和学习自信心，这三类因素对二语学习者的目标语言习得存在较大影响。教师在课堂上恰当的言语反馈，如肯定、表扬等积极言语反馈，可以促进学生的情感发展，即增强学生的学习动机，减少学生的焦虑情绪，增强学生学习语言的自信心，进而提高学生的学习效率与学习成绩（袁朝辉、鲁晶晶、张蕊，2018）。

由此可推论，当汉语母语者在对话过程中给予汉语学习者较多的积极反馈时，汉语学习者会因为对方的肯定、赞誉等语言而增强自己使用汉语交流的动机，减少因使用熟悉度较低的汉语可能会犯错等带来的焦虑情绪，提高自己使用汉语进行对话的自信心。在这些情感因素作用下，汉语学习者会表现出更多的自主交流意愿，表现出句法复杂度和话语流利度上的增强，即向汉语母语者的趋同调节意愿。在消极反馈条件下，汉语学习者即使抱有学习汉语的高意愿，也会因对话者的否定等消极反馈言语而在学习动机与自信心上有所降低，更容易出现焦虑情绪，因此表现出较少的趋同调节策略，甚至开始出现趋异调节的现象。

此外，正如前人研究发现，外语学习者与本族语者对话时可以通过模仿对方语言，提高其外语的发音能力（Trofimovich，2013）。模仿不仅是动物的本能，也是一种学习机制，在母语和外语学习中发挥重要作用。外语学习者的语言为中介语，而中介语是一个连续体，每名外语学习者均处于中介语发展的某个位置。外语学习者的中介语与母语者的语言越相似，其外语水平越高。研究者认为，言语趋同也是一种学习机制，特别是在外语学习中发挥重要作用。通过言语趋同，外语学习者不断将自己的语言系统，包括语音、词汇、句法等调节到与母语者近似的水平，从而提高自身语言。因此，对汉语学习者进行积极反馈不仅有助于其采用趋同调节，同时有利于运用趋同调节模仿汉语母语者的发音、遣词造句、话语组织和沟通策略等。

本研究结果启示：对外汉语教学工作者在教学中可以尽量多采用带有鼓励性、肯定性的积极反馈语，而少采用消极反馈语。此外，通过上述对研究结果产生原因的分析，未来研究可以进一步探讨反馈会影响汉语学习者交际调节策略的内在机制过程。例如，HUYNH Tuan-quy、张昊民和马君（2016）研究发现，积极反馈会削弱个体的习得性无助感，而消极反馈会引发个体的习得性无助感。这种习得性无助感可能对于汉语学习者的语言学习是一种威胁性信息，会降低其趋同调节策略的使用程度，增强其趋异调节策略的使用程度，或是上述三种情感因素——学习动机、学习焦虑和学习自信心。此外，本研究只关注依据反馈性质区分的不同反馈类型，反馈类型还可依据反馈发出者分为同伴反馈和教师反馈等类型，也可以依据反馈时间，分为即时反馈和延迟反馈等类型，未来研究可以进一步细化反馈的类型，深入分析不同反馈类型在汉语学习者目标语言习得过程中的作用。最后，本研究发现，反馈类型对交际调节具有不同的影响。然而，反馈者的表情和肢体语言等反映出的交际态度是否同样影响交际调节呢？未来研究可以考察交际者的态度对与其交流者使用的交际调节的影响。

二、结论

本研究旨在了解汉语母语者在对话中的反馈类型是否会影响汉语学习者在对话中进行的交际调节，通过设置三种实验类型（无反馈、积极反馈和消极反馈），让三组汉语母语者与汉语学习者基于图片进行对话。对对话过程中，汉语母语者与汉语学习者在第 1 分钟内与第 10 分钟内的句法复杂度和话语流利度进行分析。结果发现，不论是在无反馈条件、积极反馈条件还是消极反馈条件下，汉语学习者与汉语母语者对话过程中均发生交际调节现象，且随着实验的进行，汉语学习者在语言的句法复杂度和话语流利度上均有显著增强，即汉语学习者使用趋同调节策略。进一步分析发现，汉语学习者进行的趋同调节程度受到反馈类型的影响，即相比无反馈条件，积极反馈会增强汉语学习者的趋同调节策略使用程度，而消极反馈则会降低汉语学习者的趋同调节策略使用程度。这一研究结果启示，外语教学者在教学过程中可以多采用积极反馈，尽量少用消极反馈语言，从而提高外语学习者的学习动机，提升其外语习得效果。

第六章 汉语母语者交际调节对汉语学习者意义理解的影响(研究四)

第一节 背景分析

由研究一和研究二结果可知,汉语母语者与汉语学习者在对话过程时,汉语母语者会根据话题的难易程度,对自身语言进行不同程度的交际调节。根据交际调节理论,当说话者将自身话语调节到与其对话者的语言相似,即表现出趋同调节现象时,可以拉近与对话者之间的社会心理距离,获得对话者的好感和认同,同时促进交际双方的互相理解与沟通,从而提高交际效率,实现交际目的。此外,研究者们普遍认为,母语者在与外语学习者交流过程中,其希望帮助外语学习者更好地理解母语者话语,从而降低语言复杂度或流利度,进行交际调节(Adams, 1998; Bingham, 1996)。

鉴于交际调节的积极作用,既往研究也试图采用实证方法考察母语者对外语学习者进行交际调节是否会影响外语学习者对目标语言的意义理解。例如,Skoutarides(1988)发现,母语者对外语学习者进行交际调节并不能促进外语学习者的意义理解,因为母语者的调节使句子变得更加复杂和难懂。Wingfield, Lahar & Stine(1989)则在老年人群体中进行研究,其结果发现,对话者在语速和语言音韵上进行交际调节时会影响老年人的会话理解能力。另外,McGuire 等人(2000)考察老年人指向语和记笔记是否可以帮助老年人更好地记录医生诊断。该研究发现,老年人指向语能够帮助老年人更好地记住医生的诊断,且当老年人记笔记时,如果观察到对方对自己使用老年人指向语,其之后对诊断信息内容的回忆也会更好。

由上述研究可知,就"母语者对外语学习者进行交际调节是否会影响外语学习者的意义理解"问题,既往研究并没有得出一致结论,且以往研

◎汉语母语者与汉语学习者对话中的交际调节研究

究主要是在非汉语情境中进行探索。那么，在汉语语言环境中，汉语母语者对汉语学习者进行的交际调节是否会影响汉语学习者的意义理解，目前尚未发现有研究对该问题进行考察。考察交际调节对意义理解的影响，有利于我们深入了解交际调节的作用，丰富与拓展交际调节方面的理论与实证研究。同时，由研究一发现可知，汉语母语者在与汉语学习者进行对话过程中，确实会发生交际调节现象，通过了解汉语母语者交际调节对汉语学习者意义理解的作用，也能帮助我们明确未来应该是提倡汉语母语者进行交际调节，还是阻止汉语母语者进行交际调节。

根据Skoutarides（1988）的研究结果可知，母语者使语句变得复杂和难懂的交际调节并不能促进外语学习者的意义理解。根据交际调节理论可知，如果在某种语境中说话者把自身话语的方向调整为与其对话者语言相异的方向，就会出现交际趋异调节现象。由此可见，趋异调节策略并不能促进外语学习者的意义理解。同时，结合研究一至研究三的结果可知，汉语母语者与汉语学习者在对话过程中主要采取的是趋同调节策略。因此，本研究将主要考察汉语母语者在与汉语学习者对话过程中向汉语学习者的趋同调节对汉语学习者意义理解的作用，其中汉语母语者可以通过降低语速和延长停顿等方式做出趋同调节。

综上所述，本研究旨在回答具体研究问题——汉语母语者在对话中的交际调节是否可以促进汉语学习者的汉语意义理解？研究一发现，汉语母语者之间对话时，使用程式语可以促进交际的流畅性，使词汇通达和加工更加顺利，从而减轻交际中的认知压力。由此可见，掌握汉语成语和习语对留学生学习汉语具有重要作用。为此，本研究设置交际调节对话实验和无交际调节对话实验，并测试不同实验条件下汉语学习者的成语和习语学习效果，考察汉语母语者交际调节是否可以促进汉语学习者对汉语成语和习语的意义理解。具体实验名称如下：

（1）实验八：无交际调节下汉语学习者对成语、习语的意义理解。

（2）实验九：交际调节对汉语学习者对成语、习语意义理解的影响。

实验八"无交际调节下汉语学习者对成语、习语的意义理解"作为基线实验，其结果用于与实验九"交际调节对汉语学习者对成语、习语意义理解的影响"结果进行对比，以探讨对话时汉语母语者采用交际调节后，汉语学习者的意义理解水平是否能够提高，因变量为汉语学习者成语理解正确率。

第六章 汉语母语者交际调节对汉语学习者意义理解的影响（研究四）

第二节 研究方法

一、被试

20名吉林省某院校的研究生与20名该校的留学生（汉语学习者）参加了本研究。其中，20名中国籍被试全部来自吉林省，其平均年龄为24.9岁，标准差（SD）为1.03，其中7名男生、13名女生。8名被试的普通话水平测试结果为二级甲等，12名被试的普通话水平测试结果为二级乙等。20名中国籍被试来自教育（$n=4$）、地理（$n=3$）、数学（$n=6$）、物理（$n=4$）和生物专业（$n=3$）。

20名留学生则均是在华学习至少一年的留学生，且全部通过汉语水平考试（HSK）五级。汉语学习者被试的平均年龄为20.9岁（$SD=0.71$），来自韩国（$n=6$）、俄罗斯（$n=8$）、泰国（$n=3$）和日本（$n=3$），包括男生6人、女生14人。

在对汉语母语者和汉语学习者进行一一匹配分组前，由研究一可知，汉语学习者的汉语水平会影响对话过程中的交际调节。因此，为确保汉语学习者能够与汉语母语者较为顺利地交流，并控制汉语学习者汉语水平可能会带来的干扰效应，实验开始前先对汉语学习者进行汉语口语能力测试，测试材料、测试过程和测试成绩分析方法同研究一（附录23）。

经统计，汉语学习者的汉语口语测试平均分为48.13（$SD=0.33$），将20名汉语学习者分成2组，每组各10人，要求两组汉语学习者的汉语口语测试平均分不存在显著差异。结果表明，无交际调节条件下的汉语学习者汉语口语测试平均分为48.16（$SD=0.34$），有交际调节条件下的汉语学习者汉语口语测试平均分为48.10（$SD=0.34$）。对两个实验的汉语学习者汉语口语测试成绩进行独立样本t检验，结果表明：两个实验的汉语学习者汉语口语测试成绩不存在显著差异（$t=0.394$, $p=0.698>0.05$），汉语学习者汉语口语能力可能带来的误差效应被有效平衡了。同样，为控制汉语母语者的普通话水平（附录25），对两组汉语母语者的普通话水平也进行平衡，即对两种实验条件下的汉语母语者的全国统一普通话水平测试成绩进行独立样本t检验。

经统计，汉语母语者的普通话水平，平均分为85.65（$SD=2.78$），无交际调节条件下的汉语母语者普通话水平测试平均分为85.80（$SD=2.86$），有交际调节条件下的汉语母语者普通话水平测试平均分为85.50（$SD=2.84$），两种实验条件的汉语母语者普通话水平也不存在显著差异（$t=-0.235$，$p=0.817>0.05$），说明有效平衡了汉语母语者普通话水平可能带来的误差效应。

按照上述方式将分好组的汉语母语者与汉语学习者进行组内一一配对，其中将无交际调节实验条件中的汉语母语者编号为C71—C80，与其相配对的汉语学习者编号为L51—L60；将有交际调节实验条件中的汉语母语者编号为C80—C90，与其相配对的汉语学习者编号为L61—L70。参加完本研究，每位被试均可得到一份礼物作为酬谢。

二、实验材料

为保证实验材料的有效性，即所选成语均为汉语学习者不熟悉的成语和习语，研究者共准备20条成语，邀请来中国一年且不参加本实验的5名汉语学习者在李克特量表上进行成语熟悉度判断，其中"1"—"5"分别代表"不理解"到"非常理解"（附录26），然后从得分低于1分的成语和习语中选取10条成语和习语。

第三节　实验过程

首先，实验引导员让被试阅读实验说明书，并为其讲解实验要求。在其完全清楚实验要求后开始实验。研究四采用成语、习语解释任务，实验引导员为汉语母语者提供成语以及一句解释性话语，为汉语学习者被试只提供成语本身。为实验引导员提供成语以及含有该成语的例子。要求汉语母语者根据要求对成语进行解释，为汉语学习者逐条解释成语，并提供例子，但每条成语只能解释一遍，且汉语学习者不能进行提问。全部10条成语解释结束后，实验引导员要求汉语学习者被试完成"成语例句判断题"测试（附录27）。

第六章 汉语母语者交际调节对汉语学习者意义理解的影响（研究四）

一、实验八

实验八中，作为无交际调节的控制条件，研究者要求汉语母语者被试解释成语时不进行交际调节，即采用与汉语母语者交流时的正常语速和停顿时长。接下来，每组两人分别进入教室面对面坐好，实验引导员将10条成语及解释发给中国籍被试。首先，被试阅读实验说明书（附录6）。在被试完全清楚实验任务后，将10条成语发给汉语学习者被试。此外，被试的成语清单最上面用黑体字提醒其不要进行交际调节（附录28）。

二、实验九

首先，被试阅读实验说明书。基本流程同实验八，唯一不同的是研究者对实验九汉语母语者进行培训，要求其在解释成语时降低语速和延长停顿。此外，实验九被试的成语清单最上面用黑体字提醒其进行交际调节（附录29）。

第四节 结果与分析

首先，评价者间信度（r_1）和评价者内部信度（r_2）分析结果显示，两项信度指标良好（$r_1=0.889$，$p<0.001$；$r_2=0.907$，$p<0.001$）。对于统计数量不一致之处，研究者进行重新统计。

本研究中，实验八（无交际调节的控制组）和实验九（采用交际调节的实验组）使用相同的成语、解释和例句，唯一不同的是，要求被试在每个标点符号处停顿2秒左右时间，以此降低平均话语长度并降低语速，以期降低汉语学习者理解的难度。此外，增加停顿时长以期给予汉语学习者更多的思考时间。

一、实验八和实验九中汉语母语者句子长度和无填充停顿差异检验

对实验八（无交际调节）和实验九（采用交际调节）中的汉语母语者使用文本解释10个成语、习语时的平均句子长度和无填充停顿频率进行

独立样本 t 检验，具体结果见表 6-1 所示。

表 6-1　实验八和实验九被试平均句子长度和无填充停顿频率的对比

组别	平均句子长度	t	p	平均无填充停顿频率 $M(SD)$	t	p
实验八	11.96（1.67）	−5.503	<0.001	9.20（8.50）	1.097	0.287
实验九	7.68（1.81）			13.70（9.81）		

由表 6-1 可见，无交际调节的汉语母语者所使用文本的平均句子长度为 11.96（SD=1.67），进行交际调节的汉语母语者所使用文本的平均句子长度为 7.68（SD=1.81），无交际调节的汉语母语者所使用文本的平均句子长度显著高于进行了交际调节的汉语母语者所使用文本的平均句子长度（t=−5.503，p<0.001）；无交际调节的汉语母语者所使用文本的平均无填充停顿频率为 9.2（SD=8.50），进行交际调节的汉语母语者所使用文本的平均无填充停顿频率为 13.70（SD=9.81），两者不存在显著差异（t=1.097，p=0.287>0.05）。虽然实验八和实验九的文本在平均无填充停顿频率上的差异未达到统计上的显著性，但是实验九的平均无填充停顿数量（13.70）的确多于实验八的平均无填充停顿数量（9.2）。因此，可以说在进行交际调节的实验条件中，汉语母语者朗读的文本在句子长度上确实进行了交际调节。

二、实验八和实验九中汉语母语者朗读时间和无填充停顿时长差异检验

对实验八（无交际调节）和实验九（采用交际调节）中的汉语母语者平均文本朗读时间和无填充停顿时长进行独立样本 t 检验，具体结果见表 6-2 所示。

第六章　汉语母语者交际调节对汉语学习者意义理解的影响（研究四）

表 6-2　实验八和实验九被试平均文本朗读时间和无填充停顿时长的对比

组别	平均朗读时间 $M(SD)$	t	p	平均无填充停顿时长 $M(SD)$	t	p
实验八	364.90 (28.91)	34.180	<0.001	111.70 (5.49)	41.059	<0.001
实验九	864.10 (36.02)			318.80 (14.98)		

由表 6-2 可见，进行了交际调节的汉语母语者的平均朗读时间为 864.10（SD=36.02），未进行交际调节的汉语母语者的平均朗读时间为 364.90（SD=28.91），进行交际调节的汉语母语者的平均朗读时间显著高于未进行交际调节的汉语母语者的平均朗读时间（t=34.180，p<0.001）。进行了交际调节的汉语母语者的平均无填充停顿时长为 318.80（SD=14.98），未进行交际调节的汉语母语者的平均无填充停顿时长为 111.70（SD=5.49）。进行交际调节的汉语母语者的平均无填充停顿时长显著高于未进行交际调节的汉语母语者的平均无填充停顿时长（t=41.059，p<0.001）。

以上分析结果说明，在实际实验中，未进行交际调节的汉语母语者的语速要比进行交际调节的汉语母语者的语速快 2.37 倍（864.10÷364.90=2.37）。此外，未进行交际调节的汉语母语者在每个标点符号处的总体停顿时长比进行交际调节的汉语母语者的总体停顿时长短 2.85 倍（318.80÷111.70=2.85）。由于实验八中，汉语母语者的语速和停顿时长为日常朗读语速和停顿时长，即无交际调节的语速和停顿时长，因此可以判断，实验九中，汉语母语者的确在语速和停顿时长方面进行了交际调节。

三、实验八和实验九中汉语学习者在汉语成语和习语意义理解上的测试成绩差异检验

对实验八（无交际调节）和实验九（采用交际调节）中汉语学习者的成语、习语理解测试成绩（附录 30）进行独立样本 t 检验，具体结果见表 6-3 所示。

表6-3 实验八和实验九汉语学习者被试的汉语成语、习语理解测试成绩的对比

组别	平均成绩 M	SD	t	p
实验八	15.10	0.85	−6.74	0.00
实验九	17.50	0.74		

由表6-3可见，与进行交际调节的汉语母语者对话的汉语学习者的成语、习语理解测试成绩平均为17.50（$SD=0.74$）；与未进行交际调节的汉语母语者对话的汉语学习者的成语、习语理解测试成绩平均为15.10（$SD=0.85$）；发生交际调节的实验背景下汉语学习者的成语、习语理解测试成绩显著高于无交际调节实验背景下汉语学习者的成语、习语理解测试成绩（$t=-6.74$，$p<0.001$）。结果说明，汉语母语者的交际调节对汉语学习者的汉语成语、习语理解能力有显著提高。

第五节 讨论与结论

一、讨论

本研究旨在考察汉语母语者的交际调节是否能够促进汉语学习者理解汉语成语和习语的意义。实验采用文本朗读解释任务和汉语成语、习语意义理解测试，设置两组实验条件，两种条件均让汉语母语者为汉语学习者解释相同的成语和提供例句，但实验八要求汉语母语者在解释成语与习语时，按照正常朗读语速和停顿时长，即不采取交际调节策略，而实验九则要求汉语母语者降低自己朗读语速，延长停顿时长，即要求汉语母语者进行趋同的交际调节策略。

结果发现，实验九中，汉语母语者在朗读文本的平均句子长度上的确显著短于实验八中文本的平均句子长度；实验九中，汉语母语者朗读文本过程中的平均无填充停顿时长显著长于实验八中平均无填充停顿时长。结合研究一中的定性分析结果，即与汉语母语者（C11—C20）对话时相比，汉语母语者（C1—C10）与汉语学习者对话时，将增加停顿时长、降低句子长度、增加意义理解核实疑问句和语码混合作为解释性策略。由此可确定，实验九中的汉语母语者进行交际调节，具体表现为反映话语流利度的

第六章 汉语母语者交际调节对汉语学习者意义理解的影响(研究四)

平均句子长度和平均无填充停顿时长两项指标上的变化,而话语流利度的降低,表明本研究中交际趋同调节现象的成功操作。

通过比较实验八与实验九中汉语学习者在成语和习语意义理解测试成绩上的差异,结果发现,实验九中汉语学习者的成语和习语意义理解测试成绩显著高于实验八中汉语学习者的成语和习语意义理解测试成绩。结果表明,交际趋同调节策略的使用显著提高汉语学习者的汉语成语和习语理解能力,交际趋同调节对汉语学习者的汉语成语和习语理解具有显著的促进作用。这一研究结果虽然与Skoutarides(1988)的研究结果相反,可能与采用的具体交际调节策略有关。Skoutarides(1988)研究中,重点关注交际趋异调节策略,而本研究中探讨的是交际趋同调节策略。此外,本研究结果与Wingfield、Lahar & Stine(1989)以及McGuire等人(2000)在老年人群体中的研究结果较为相似。Wingfield、Lahar & Stine(1989)和McGuire等人(2000)研究发现,当与老年人进行对话时,如果降低语速,给予更多清晰的语言音韵,使用更多老年人指向语,老年人的会话理解能力以及记忆对话内容能力均表现得更强。

那么,为什么趋同调节策略会促进汉语学习者的意义理解呢?这可能与汉语母语者和汉语学习者在认知模型与文化模型上存在差异有关。认知模型是储存于个人自己头脑中的同属于某一领域的经历或知识,文化模型则是当个体对某种现象的理解经由最初的"新鲜事"演变成处于同一社会或集团中每个社会成员都能理解的普遍性知识后形成的系统,具有社会约定俗成性。两种模型对同一种文化背景下的每一个社会成员都是相似的,他们可以不假思索地理解知识和现象,可以说,两种模型是交际获得成功的一个主要基础(汤仕普,2010)。对于来自不同文化背景的汉语母语者与汉语学习者,汉语学习者在了解与自己成长文化背景完全不同的知识时,会因为头脑中尚未形成相关的认知模型与文化模型,所以在理解汉语成语和习语意义过程中,需要花费更多的时间对汉语母语者输出的信息进行编码和解码,最后实现真正的话语交际意义理解。且汉语母语者通过降低语速和延长停顿时长,让汉语学习者有更多的时间用于话语理解,在一定程度上可以减缓汉语学习者的焦虑,而学习焦虑的降低有助于汉语学习者更关注语言的理解上,进而获得更高的意义理解水平。此外,针对不熟悉的知识材料,个体的记忆程度会受到削弱(许小凤,2018)。由于本研究中的成语和习语理解测试成绩与汉语学习者的短时记忆有密切联系,而短时记忆容量有限,短句比长句更容易进行加工和储存在短时记忆中。那么,在汉语学习者不熟悉的情况下，降低句子长度，延长停顿时长，有利于汉语学习者对句子进行加工与记忆，从而在汉语成语和习语意义理解测试中更容易获得较高成绩。

本研究结果提示我们在与外国人交流时，特别是与陌生的外国人交流时，如果对自身语言进行调节，如降低语速、增加停顿时间、更多地使用简单句式和简单的词语等，不仅可以降低外国人理解我们话语的难度，还可以促进外国人的汉语习得，尤其是汉语意义理解这一重要方面的学习效果。该结果对对外汉语教学具有实际的参考价值，即对外汉语教师可以通过交际调节的办法（降低语速和增长停顿时长），提高汉语学习者的意义理解。特别是在讲授难度较大，较为抽象的概念或成语、习语时，对外汉语教师可以使过交际调节办法促进留学生对意义理解，使其不断将输入变为吸收，促进其汉语学习的效果。

二、结论

本研究旨在了解汉语母语者在对话中的交际调节是否会影响汉语学习者在汉语成语、习语方面的意义理解。通过设置两种实验条件，分别让两组汉语母语者与汉语学习者进行交际调节与不进行交际调节。结果发现，当汉语母语者进行趋同调节时，即主动降低语速和增长停顿时长，汉语学习者能够更好地理解汉语成语与习语的意义。这一研究结果的启示是：外语教学者在教授学生进行第二语言学习过程中，可以采用趋同调节策略，以此促进学生的二语习得效果。

第七章 总体讨论与结论

第一节 总体讨论

一、汉语母语者与汉语学习者自然对话中交际调节的发生与策略

本研究中，子课题（研究一）旨在考察汉语母语者与汉语学习者在自然对话中是否发生交际调节，以及研究调节的策略有哪些。下面按照研究问题的顺序进行逐一讨论。

（一）汉语母语者对汉语学习者进行的句法复杂度和流利度调节

为回答汉语母语者与留学生对话时是否对自身语言的句法复杂度和话语流利度进行调节，在研究一中，通过对比10名汉语母语者（C1—C10）分别与另外10名汉语母语者（C11—C20）和10名留学生的对话发现，汉语母语者之间对话时，C1—C10和C11—C20在句法复杂度三项指标上均无显著差异，在话语流利度五项指标上也无显著差异，说明汉语母语者之间对话时未发生显著的交际调节，即双方进行言语保持。言语保持意味着对话中，双方未根据对方语言对自身语言进行明显的交际调节，而是保持自己的话语风格、语音语调、词语选择等。正如Miller（2005）指出，言语保持意味着交际中个人交流方式始终保持稳定。

本研究发现，汉语母语者之间交际时，其在句法复杂度和话语流利度方面均不存在显著差异，说明汉语母语者始终在句法结构上保持较高程度的一致性，始终稳定地使用语言表达方式。相似吸引理论能够解释趋同调节，然而却无法解释言语保持和趋异调节。实验一发现，汉语母语者之间对话时，双方采用言语保持，未根据对方对自身的句法复杂度和话语流利度进行交际调节。然而，汉语母语者（C1—C10）与留学生对话时的句法复杂度和话语流利度均显著低于其与汉语母语者（C11—C20）对话时的句

法复杂度和话语流利度。最后,汉语母语者(C1—C10)和留学生对话时,双方的句法复杂度和话语流利度出现显著的趋同现象。虽然没有直接相关的先行研究做对比,但本研究与 Bingham(1996)的研究结果一致,两项研究均发现,母语者与外语学习者对话时,会通过缩短句子长度和简化句子结构对自身语言进行调节。此外,本研究支持 Sand(2012)的发现,即母语者对外语学习者进行趋同交际调节。

那么,为何汉语母语者与留学生对话时会显著降低句法复杂度呢?交际调节理论(SAT)主要依靠相似吸引理论解释交际调节现象(Byrne,1969)。相似吸引理论认为,人们对于与自己相似的对话者给予更高评价。人们使用交际调节是为了获得对方的认同。因此,要获得对方的认同越多,语言调节程度则越大。由于交际中双方身份和地位可能存在不平等,因此身份地位低的人常常调节自身语言,以获得身份地位高的人的认同(Giles & Coupland,1991)。此外,身份地位低的人对身份地位高的人进行交际调节的另一个原因是以此获得威望。语言代表权利,地位高者经常掌握更多的话语权。通过模仿地位高的人的说话方式,使地位低者能够提高自身威望。然而,在本研究中,由于双方均为同一所大学学习的学生,因此,在地位方面不存在差异。双方唯一的差异在于其国籍不同,或者说身份不同:中国籍学生为本族者,外国籍学生为留学生。因此,研究者认为,汉语母语者对留学生进行趋同的交际调节,不是因为其地位和身份比留学生低,其趋同调节的目的不是为了提高自身威望。

交流是搭建人际关系的桥梁,人们之间如何交流能够反应交际者的情感和态度。交际调节的焦点在于关注不同语境下人们的语言选择及其带来的后果。交际调节理论认为,人们运用不同的交际调节策略表达对对话者的态度,缩小、保持或扩大其与对话者之间的社会和心理距离(Shepard, Giles & Le Poire,2001)。

Zimbardo、Ebbesen & Maslach(1977)指出,吸引由如下成分构成:①评价成分,即人们对他人意见的强度以及是积极还是消极的;②认知成分,即人们对他们持有的观点以及这些观点形成的认知过程;③行为成分,即人们接近或避免他人的行为方式。Hogg 等人(1995)将吸引分为两类:个人吸引和社会吸引。其中,个人吸引以个人与对方的相似性为基础,强调相似性对吸引的影响。

人们的交际过程以个人身份作为基础,通过相互间的相似性,求得对方积极的评价。个人身份主要体现在情感态度和交流方式中。在人际关系建立初期，情感态度的相似性对于人际吸引的作用更大（Lea & Duck，1982）。研究发现，人际交往中，双方情感态度越相似，相互吸引度越高，越容易发生趋同调节（Fortman，2003）。此外，在对话中，说话人做出趋同调节的努力越大，听话人对其评价越高，同样，听话人发话时也会做出更多的趋同调节（Giles, et al., 1987）。根据相似吸引理论，在交际活动中，说话者和对话者的言语风格、价值观念和情感态度越相似，对话者越容易被说话者所吸引，说话者也越容易得到对话者的认同（Byrne，1969）。如果说话者想获得对话者的赏识和赞许，必然要调整言语交际策略，采用言语趋同方式缩短与对话者的社会心理距离，从而成功实现交际目的（Giles，1980）。

由于条件所限和传统习惯，本研究中的汉语母语者很少有与留学生打交道的经历，与留学生交谈是一件比较新鲜和好奇的事情。研究者认为，汉语母语者出于友好和好奇，对与留学生交流表现出较为浓厚的兴趣。留学生对汉语母语者具有较强的吸引力。按照 Zimbardo、Ebbesen & Maslach（1977）对吸引成分的划分，留学生对汉语母语者的吸引力主要来自三个方面：首先，在评价成分上，汉语母语者一般把来自除中国以外国家的人统称为外国人。与西方发达国家的科技水平和人文素养等相比，我国还处于发展中阶段，因此，一直以来，汉语母语者对外国文化和外国人的教育和素质持积极态度。其次，在认知成分上，通过电影、文学、互联网等传媒手段，汉语母语者逐渐形成对外国人高看一眼的态度。最后，在行为成分上，汉语母语者更愿意主动与外国人打招呼，对话交流，期待了解对方国家文化，并与对方建立友谊。

此外，研究者认为汉语母语者采用的交际调节也受到文化刻板形象的影响。在交际过程中，当视觉和听觉输入中包含有关对方外貌特征、动作行为或语言的线索（cue）时，与这些线索有关的刻板形象立即被激活。例如，当年轻人看到老年人走路缓慢、话语迟钝时，其有关老年人的刻板形象得到激活，从而可能导致其对老年人进行过度调节，以期减少老年人的理解和交流难度。

在本研究中，当汉语母语者得知其将要与外国留学生进行对话时，其对外国人的刻板形象已经得到激活。也就是说，汉语母语者带有一定的先入观和偏见。的确，在本实验中，由于留学生被试只在中国学习了一年多时间，其汉语水平虽然得到十足提高，但是与母语者相比，还相差甚远。因此，当汉语母语者与留学生对话时，汉语母语者很容易注意到留学生不

◎汉语母语者与汉语学习者对话中的交际调节研究

仅在发音、声调和语调方面存在问题,还发现留学生在汉语听力理解和口语产出方面存在一定困难。为了使对话顺利进行,减少留学生理解和口语产出的困难,汉语母语者有意识地降低句法复杂度,使用更加简短的句子。汉语母语者希望通过降低句法复杂度,减少留学生的认知压力并获得对方好感,使本次交流变得更加愉快和难忘。先行研究表明,降低句法复杂度能够帮助外语学习者更好地进行话语理解,且只有外语学习者能够理解外语输入,外语习得才能发生(Krashen,1985)。

虽然相似吸引理论能够在一定程度上解释本研究中汉语母语者对留学生进行的交际调节。然而本研究并没有使用调查问卷或访谈的方法来考察汉语母语者在使用交际调节时的真实心理状态和动机。对话就像一场游戏,只有双方都明白对话内容,双方才都是赢家(Lewis,1969)。对话中遵循交替说话的话轮,因此"说"—"听"—"说"—"听"交织在一起,使对话中的言语理解与产出紧密结合。研究者认为,本研究中的交际调节可以按照互动协同理论进行解释。根据互动协同理论(Pickering & Garrod,2004),对话中语言理解和语言产出紧密相连,因此,对话双方在许多层面上会出现协同一致的情况。在同一个对话中,如果说话双方使用两套不同的情景表征,一套用于自己的语言产出,另一套用于理解对方的话语,则会极大地增加双方的认知负荷,降低对话的效率,甚至还会产生交际障碍。因此,对话双方一般将自己的情景模式与对方的情景模式进行协同,利用一套共同的情景模式使对话顺利进行。除非在误解或者发生争论时,双方的情景模式可能不同外,在正常情况下,说话双方均进行情景模式的协同。即便在争论中,双方的情景模式表征仍然有一致之处,否则双方无法进行争论。在对话时,双方进行的情景模式协同,一般以一种隐性的方式进行,即双方不对自己使用的词语下定义,征求对方同意定义后再进行交流。总体的情景模式协同依赖于局部语言表征的协同。

对话需要双方共同的合作。为了使交际顺利进行,对话双方需要构建"共同点",并努力理解对方的话语。因此,要使对话顺利进行,说话双方应发展协同的情景模式[①],否则两个人将"不在一个频道上",对话将难以顺利进行。互动协同能够在三个方面简化对话中的语言处理,即①支持直接的互动推理机制;②使对话者能够发展和使用常规表达方式;③支

---

① 情景模式(Situation Model)是指对当前对话情景中空间、时间、因果、意图和所指的多维表征(Zwaan & Radvansky,1998)。

持语言加工的监控系统。

自动传导理论认为信息产出和理解是独立的过程。说话人根据情景表征在头脑中形成概念,并依次通达句法表征、词汇表征、音位表征,将概念形成句子,最后发音产出该句子。每个表征只在语言产出过程中发挥作用。另外,听话人首先通过语音识别,然后通过语音表征进行意义理解。因此,语言的编码(产出)和解码(理解)是互为独立的过程,如图7-1所示。

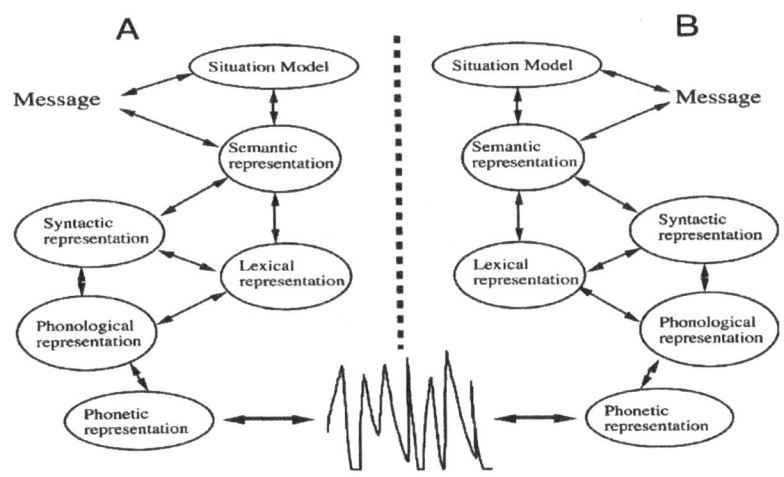

图7-1　自动传导理论中信息的编码和解码过程

在图7-1中,A和B分别代表对话的双方,圆圈中为语言理解和产出中的各种表征。双向箭头表征两者之间具有互动;中间的虚线表示A和B两者的分离;中间的波浪线代表声音信号。如图7-1所示,听话人和说话人的语言理解和语言产出互为独立的过程。

然而,对话具有互动性,即语言的理解和产出紧密相连。对话双方总是在理解对方话语意义和意图的前提下进行语言产出。说话人和听话人不断进行角色转换,共同为对话的顺利进行做出努力。因此,听话人和说话人在语言产出和信息理解时,个人的各个表征层面均与对方的各个表征层面进行互动,如图7-2所示。

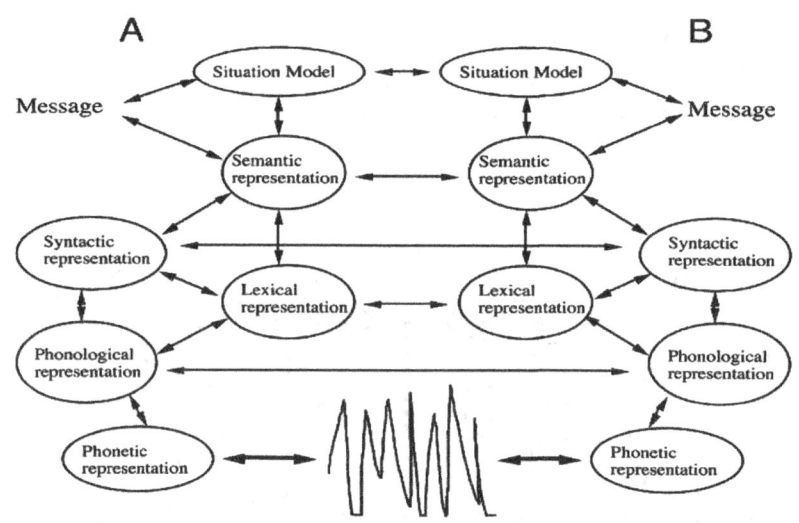

图 7-2 互动协同理论对语言产出和语言理解过程的解释

在图7-2中,说话人(A)和听话人(B)的各个表征之间不是孤立的关系,而是紧密相连。在各个层面上,协同的发生依赖启动机制(Pickering & Garrod,2004)。启动是情景模式协同的基本机制,即先前接触到的句子能够激活听话人头脑中该句子中的句法表征、词汇表征和情景表征,从而使听话人说话时更容易使用该相同的句法表征、词汇表征和情景表征产出句子。因此,句法理解和句子产出在情景模式的层面上相互匹配,协同一致。例如,当说话人使用问句"What time do you close?"时,回答者一般使用"Five o'clock."当说话人使用问句"At what time do you close?"时,回答者一般使用"At five o'clock."可见,回答者是否使用介词"At",取决于说话人问句中是否有"At"存在。此外,Branign等人(2000)使用图片描述任务考察对话中的句法协同。结果发现,说话人使用的句法结构,如"the cowboy offering the banana to the robber"或"the cowboy offer the robber the banana",对听话人产出句子的句法结构产生了强烈影响。

在词汇层面,对话双方经常使用相同的表达方式指某一物体,并在与同一对话人交流时随着词语的重复,该物体的所指表达方式不断变短。然而,在与不同的对话人交流时,说话人用于指某一物体的表达方式发生改变（Brennan & Clark，1996）。互动协同理论认为，一个层面的协同（如句法层面）将导致另一个层面的协同（如词汇层面）。对话之所以充满大量的词语重复，是因为说话双方在词语意义上达成一致，并在句法协同的同时进行词汇协同，即说话人使用的词语和句法结构均与对方使用的词语和句法结构相同或相近。例如，说话人在听过"the goat that's red"后更易于说"the sheep that's red"，而不是"the red sheep"，虽然两个词组的意义相同（Cleland & Pickering，2003）。

综上所述，词汇启动导致词汇协同，句法启动导致句法协同。因此，当说话人使用某个词语或某个句法结构时，该词语或句法结构理解启动听话人头脑中相同的词语或句法结构，从而使该词语或句法结构的激活阈限降低。在听话人发话时，由于这些词语或句法结构的激活阈限降低，因此更容易被传达，得到编码和产出。因此，启动是互动协同的基本机制。

对比来看，两个模型最基本的区别在于语言理解和语言产出之间是独立的还是具有联系的。自动传导模型将语言理解与产出两个过程完全分离，强调语言各个层面的表征独立于语言理解或语言产出过程之中，两个过程中各个层面上的表征互不影响。与此相对，互动协同模型认为，语言理解和语言产出两个过程紧密相连，两个过程中各个层面上的表征相互影响。例如，说话人话语产出过程中的词汇表征直接影响听话人发话时的词汇表征。启动属于内隐记忆，即在不需要意识参与的情况下，大脑对信息进行的自动加工和储存。因此，互动协同的发生是自动的，不需要人的意识参与。

本研究中，当汉语母语者之间对话时，由于图片中的情景对对方都是共知信息，双方的情景模式表征基本相同。因此，汉语母语者之间存在隐性的共同点。这种共同点不需要明示对方，以求对方与自己达成一致。然而，当汉语母语者与汉语学习者对话时，特别是在汉语母语者意识到对方理解自己的话语有困难时，即对方在情景模式的各种表征（如时间、空间和因果等）中与自己不一致时，汉语母语者随即采用积极的协同策略，帮助对方弥补情景表征中缺少的部分。以下是两段汉语母语者和留学生对话的节选。

（1）留学生L4与汉语母语者C4的对话节选：

L4：为什么要穿那个红红的衣服啊？

C4：因为红色。

L4：或者，为什么不穿白色？

C4：红色代表着一种吉祥喜庆的氛围。啊，就是中国的一种文化，表示喜庆。

（2）汉语母语者C9与留学生L9的对话节选：

C9：我们二胡知道吗？

L9：二魂？

C9：二胡！

L9：那个不知道是什么东西。

C9：比较出名那个乐器。

以上对话节选中，留学生L4可能缺少有关中国春节风俗习惯的背景知识，没有对春节的情景构建详细的情景表征，因此提问："为什么要穿那个红红的衣服啊？"听到这样的问题时，汉语母语者C4发现对方的情景模式表征和自己的情景模式表征之间存在空缺，因此其采用积极的协同策略，运用对方使用过的词语和句法结构进行回答，所有人都穿红色的意思是因为这是中国人过年的习俗。当汉语母语者试图提供信息弥补汉语学习者情景模式表征中的不足时，经常使用"你听懂了吗？"这类句子，以询问对方是否已在情景模式表征中构建新的表征，从而使汉语母语者能够掌握分寸，是继续提供信息帮助对方建立新的表征，还是接着进行对话讨论下一话题或就当下话题进行延伸和扩展。

同样，当留学生L9把"二胡"说成"二魂"时，汉语母语者C9发现其情景模式表征中没有对二胡这一乐器的表征，因此对二胡进行解释，帮助其构建表征，以使对话顺利进行。为使对话顺利进行，说话双方应发展协同的情景模式，否则两人将"不在一个频道上"，对话将难以顺利进行。留学生除语言水平不如汉语母语者之外，对中国文化的了解还不够充分。两者在情景模式的各种表征上存在差异。汉语母语者采用积极的协同策略，帮助对方弥补情景表征中缺少的部分。与之相对，汉语母语者之间对话时，由于双方共享图片中的情景模式表征，即图片内容为共知信息，加上双方语言水平相当。因此，本研究中，汉语母语者之间的对话未发现显著的交际调节。

另一方面，是什么原因导致汉语母语者在与留学生对话时降低话语流利度呢？首先，话语产出需要经过一系列过程，如图7-3所示。

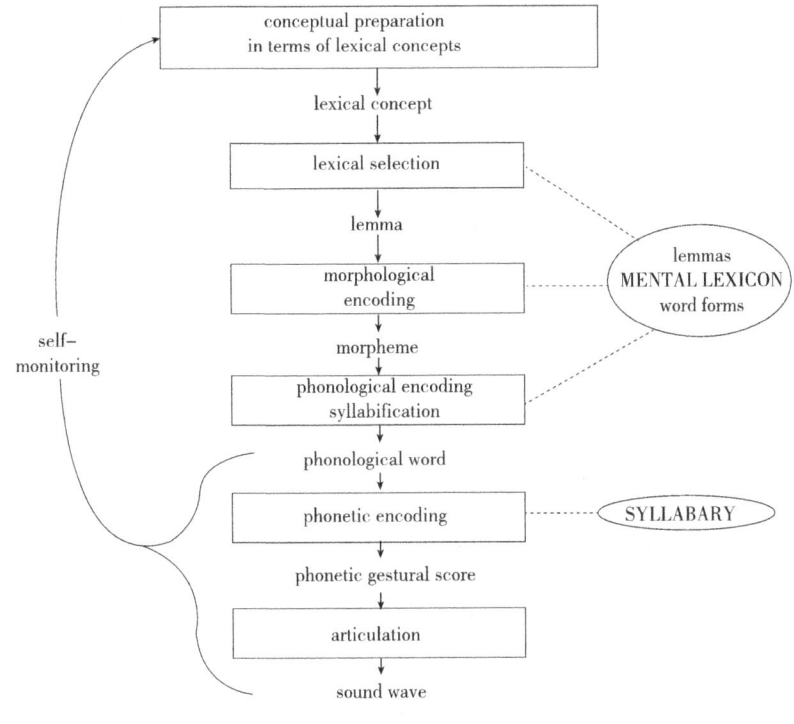

图 7-3　言语产出模型

在图 7-3 中，根据语言产出模型（Levelt, et al., 1999）从概念准备、词汇选择、形态编码、音位编码、语音编码到发音，语言产出经过一系列过程。母语者的言语产出具有高度的自动化，可以轻松地完成一系列过程。然而，对于外语学习者，特别是初级和中级外语水平的学习者，其在词汇选择、形态编码、音位编码、语音编码到发音等一系列环节上都存在一定困难。本研究中，由于语言水平有限，留学生从概念语义编码，到词汇、句法和语音表征的通达（姜帆、刘永兵，2015），需要更多的时间进行言语产出。充实停顿是词句搜索的表现（Goldman-Eisler，1968）。留学生在话语产出中大量使用如"嗯"和"啊"之类的填充词语，以增加思考时间。此外，为降低留学生语言理解难度，汉语母语者要斟酌如何选取适当的词汇和句型，以便对方更容易理解话语。因此，与汉语母语者对话相比，汉语母语者与留学生对话时使用更多的填充词语，为筛选词汇和句型赢得时间，从而降低话语的流利度。

◎汉语母语者与汉语学习者对话中的交际调节研究

然而，虽然汉语母语者与留学生的句法复杂度和话语流利度上十分相似，但是汉语母语者使用的连词数量显著多于留学生使用的连词。研究者认为，虽然图片描述的任务自然性比较高，但是在录音和录像情况下，被试在语言产出时对自身语言的注意力更高，其产出的语言也比在真实自然的交际情况下产出的语言更正式。因此，汉语母语者使用更多连词标记句式的逻辑性和正式程度。正如 Labov（1966）研究中，被试在不同的语言任务（访谈、朗读文章、词语表和最小对立体）中产出的语言具有不同的特征，即语言正式程度越高，被试使用 /r/ 音（如 farm）的频率越高。此外，留学生的无声停顿频率显著高于汉语母语者，表明留学生在汉语口语产出过程中，由于其汉语词汇量有限，加上汉语句法编码的流畅度不足，因此出现大量无声停顿，用于提取词汇和句法形式的编码。

除句法复杂度和话语流利度之外，另一个显著的交际调节方面是汉语母语者对留学生使用的疑问句（$M=7.5$）显著多于对汉语母语者使用的疑问句（$M=2.5$），$t=-5.303$，$p=0.000$。这些疑问句中既有一般疑问句（$M=2.3$），如"你家过年也是这样吗？"也有特殊疑问句（$M=1.8$），如"你们过年都干什么？"还有询问对方意义理解的疑问句（$M=3.4$），如"你听懂了吗？"Long（1992）同样发现，母语者经常对外语学习者使用理解核实疑问句。如前所述，双方在情景模式表征中存在差距，当母语者提供信息帮助留学生构建新的情景模式表征时经常使用"你听懂了吗？"这类问句，以询问对方是否已在情景模式表征中构建新的表征，从而使汉语母语者能够掌握分寸，考虑是继续提供信息，帮助对方构建表征，还是讨论下一话题，体现了汉语母语者对留学生被试的关照。此外，本研究中，汉语母语者对留学生来自的国家没有充分认知，且双方之间的对话一般在 3 分钟以内。为了在短时间内获得更多的信息，汉语母语者采用增加疑问句的策略，使用大量的一般疑问句和特殊疑问句以寻求信息。一方面能够表示对对方感兴趣，加强对话的合作性；另一方面能够获得信息，弥补自己在情景表征中的不足。

另一个值得注意的是，汉语母语者和留学生均未使用被动句，这一点符合汉语表达的习惯。根据互动协同理论，当说话人使用某词语或句法结构时，该词语或句法结构可以启动听话人头脑中相同的词语或句法结构，从而使其激活阈限降低。在听话人发话时，这些降低激活阈限的词语与句法结构更容易被通达，得到编码和产出（Jay，2003）。Chomsky（1965）指出，成年人头脑中存在普遍的语法。因此，可以推断成年人大脑中具备相同的句法结构、形态和语音,在对话时,因对话双方共享相同的语言表征(句法结构、词汇形态和语音),这些语言表征很容易进行相互投射,从而双方使用相同的表征产出相同的句子。然而,本研究中,无论是汉语母语者还是留学生均未使用被动句,没有启动被动句的句法结构,即对话双方无法对对方进行被动句的投射。

最后,任何一种语言中均存在成语和习语,即固定的表达方式或程式语。大多语言产出模型认为,语言的产出过程是由语义概念化到通达句法表征、词汇表征和语音表征,最后完成发音的过程(Levelt, et al., 1999)。然而,Pickering & Garrod(2004)认为,语言产出的过程也可以绕过以上过程,直接产出语言,这种现象在对话中很常见。会话分析发现,对话中使用的语言具有高度的重复性(Tannen, 1989),说明在对话中,说话双方可以直接使用对方或自己先前说的话语,增加交际流畅度,减少完成从语义概念化到各语言层面表征通达的认知压力。特别是说话双方运用模式化语言,或程式语(Formulaic Language),如英文中的"How are you?"在汉语中,大部分成语和俗语属于程式语,说话人在使用时不假思索地进行整个词组的提取,而不是逐个单字进行组合,如"皆大欢喜"和"兴高采烈"等。

在英语中,程式语非常常见。Aijmer(1996)估计 London-Lund 语言数据库中有 70% 的词语都在词组中反复出现。除了语言中存在的固定表达方式,即程式语之外,人们在对话中会出现自己常用的语言表达方式,这种具有个人特点的程式语的形成,被 Pickering & Garrod(2004)称为语言的程式化。对比独白和对话发现,独白中很少出现词语的反复使用,而是使用同义词、近义词、反义词等手段,以增加表达的多样性。然而,在对话中,交际双方大量使用相同的词语、短语和句法结构,这是因为一般对话的话题比较固定,其激活与话题相关的语义场,对话双方最开始使用某一词语或句法结构时遵循口语产出模型描述的各层面表征通达。一旦某词语或句法结构得到产出,双方均更倾向于使用该词语或句法结构。与通达各个层面表征重新选择某词语的同义词或近义词,或者另一个句法结构相比,重复使用词语或句法结构能够帮助对话双方加速语言产出的流畅性,降低认知复合。例如,当说话人使用主动句"他们把球踢飞了"时,听话人更倾向于使用"是啊,一脚就把球踢飞了",而不是"是啊,球一脚就被踢飞了"。特别是在母语者和外语学习者对话中,由于双方语言能力的不平等,为了能够使对话更加流畅地进行,外语学习者更容易选择重复母语者使用的词语或句法结构。

本研究中,由于对话主要围绕图片展开,因此话题具有一定的局限性。相同的话语激活相似的语义场,因此导致汉语母语者经常使用程式语,如"回家团聚""孝敬老人""吉祥喜庆""三世同堂"。又如:

(1) C2:嗯,三世同堂其乐融融。

(2) C6:中国话,中国话就是三世同堂的一个画面。

(二)汉语母语者对汉语学习者使用的交际调节策略

先行研究发现,对话交际中说话双方对对方话语进行模仿,期待通过相似性的建立促进沟通。这种以建立相似性为目的的交际调节,可以用相似吸引理论进行解释。然而,交际调节还包涵无法用相似吸引理论解释的现象。对此,Coupland & Giles(1988)提出交际调节理论(CAT),以弥补言语调节理论(SAT)的不足。为了和言语调节理论中的调节(accommodation)进行区分,交际调节理论经常使用"协调"(attune)一词。

交际调节理论认为,交际调节除了包括对对方话语在句子长度、停顿、语速、重复和发音等方面的模仿之外,还包括:①解释策略,如降低语速、延迟回答、使用意义理解核实问句和延长停顿等,以降低对方的理解难度;②话语管理策略,如谈话主题的选择、面子维护和话轮掌控等;③人际管理策略,如称呼语的使用、礼貌用语的使用等。

汉语母语者对汉语学习者使用的交际调节,受到时间、地点、空间、汉语学习者的汉语水平等众多语境因素限制。汉语母语者势必采取一定的交际策略,以达到与留学生顺利交流的目的。下面按照解释性策略、话语管理策略的顺序,对本研究中汉语母语者(C1—C10)对留学生使用的交际策略进行分析。

1. 解释性策略

通过对比汉语母语者(C1—C10)与汉语母语者(C11—C20)的对话和汉语母语者(C1—C10)与留学生(L1—L10)的对话发现,汉语母语者在解释策略、话语管理策略上进行了交际调节,在人际管理策略上未发现显著的交际调节。

首先,汉语母语者(C1—C10)将降低话语流利度作为一种解释策略。如前所述,汉语母语者通过降低话语流利度,更希望通过延长停顿时长,给留学生更多思考时间进行语言理解和加工。在帮助其弥补情景模式表征时，降低留学生的认知压力和焦虑感。此外，汉语母语者将意义理解核实疑问句作为一种解释策略。汉语母语者对留学生使用大量的意义理解核实疑问句，例如"你听懂了吗？""明白了吗？"然而，汉语母语者（C1—C10）并未对汉语母语者（C11—C20）使用意义理解核实疑问句。另外，汉语母语者（C1—C10）对留学生使用的疑问句（M=7.5）也显著多于对汉语母语者（C11—C20）使用的疑问句（M=2.5），t=−5.303，p=0.000。这些疑问句中既包括一般疑问句，例如"你家过年也是这样吗？"也包括特殊疑问句，例如"你们过年都干什么？"意义理解核实疑问句的数量显著高于一般疑问句或特殊疑问句。汉语母语者将意义理解核实疑问句作为解释手段之一，为在沟通中确保对方能够跟得上自己的思路，理解自身话语。

最后，汉语母语者将语码混合作为解释性策略。例如，当留学生L5无法理解汉语母语者C5所说的"时尚"一词时，汉语母语者C5使用语码混合，将"时尚"的英文"fashion"一词融入句子中，以期帮助留学生L5更好地理解时尚的意思。而对汉语母语者之间的对话分析没有发现语码混合的现象。所以，语码混合属于汉语母语者与留学生对话中特有的一种隐性的解释性调节策略。

2. 话语管理策略

对比汉语母语者之间的对话和汉语母语者与留学生的对话发现，汉语母语者主要采取的话语管理策略体现在对话中的面子维护和话轮的掌控上。

首先，在面子维护方面，汉语母语者与留学生对话时更加积极遵守礼貌原则，采取积极的手段维护对方面子。例如，汉语母语者C7对留学生L7的回应中，连续使用"对对对"的反馈话语，有意识地遵守"一致性准则"。此外，汉语母语者也善于遵守礼貌原则中的"赞誉原则"。例如，汉语母语者C9对留学生L9的泰国民族服装进行夸赞；汉语母语者C10对留学生L10对中国文化的了解进行赞美。

其次，在话题转换方面，汉语母语者对留学生使用的话语管理策略，主要包括明确性的任务指示（如使用祈使句）和间接言语行为（如使用疑问句）。以实验一和实验二中每组被试从讨论图片一到讨论图片二的过渡话语为例，汉语母语者与留学生对话时倾向于使用显性的话题过渡方式，而与母语者对话时,倾向于使用隐性的话题过渡方式,即汉语母语者之间对话时,被试一般采用陈述句,自然地从图片一过渡到图片二。然而,与留学生对话时,汉语母语者常使用祈使句,给对方明确提示,邀请对话题进行过渡。除使用祈使句之外,汉语母语者还利用疑问句的间接言语行为作为过渡性话语,委婉要求对方进行话题的过渡。在母语者之间的对话中,未发现母语者使用间接言语行为表达对对方的要求。

最后,在对话主题的选择上未发现交际调节。汉语母语者选择的话题受到图画内容限制,因此导致汉语母语者与留学生对话的话题与汉语母语者之间对话的话题具有相似性。

二、影响交际调节的因素

本研究子课题(研究二和研究三)旨在考察影响交际调节的因素,即任务难度和反馈类型对交际调节的影响。研究二考察任务难度是否影响汉语母语者对汉语学习者做出的交际调节;研究三考察反馈类型是否影响汉语学习者对汉语母语者做出的交际调节。下面按照研究二、研究三的顺序进行讨论:

(一)任务难度对汉语母语者交际调节的影响

研究二旨在通过控制汉语学习者熟悉度不同的情景图片操控难度,考察汉语母语者与汉语学习者对话中的交际调节是否会受到情景图片难度的影响。研究二结果发现,汉语母语者之间对话时,无论对话情境难易均无交际调节(实验三中C21—C30和C31—C40的对比);汉语学习者与汉语母语者对话过程中,在难易情境图片对话中均发生交际调节现象(实验三、实验四C21—C30的对比),且随着难度的增大,汉语母语者均显著降低其语言句法复杂度和话语流利度。具体来说,高难度对话情境的句法复杂度和话语流利度降低幅度大于低难度对话情境,即汉语学习者对情境越不熟悉,汉语母语者所进行的交际调节程度越大。

虽然没有研究直接考察任务难度对交际调节的影响,然而,研究二结果与相关先行研究结果一致,即任务难度影响语言准确度和句法复杂度,任务难度越高,语言准确度和句法复杂度越低(徐琴芳,2005;姚艳梅,2012)。研究表明,发现随任务难度的升高,认知负荷越大,汉语学习者口语产出的流利度、复杂度和准确度降低(黄嫱,2009)。然而,在黄嫱研究中，不同学习任务的难度虽然不同，但各任务中的认知加工需求也不同，并且自我口语产出和自然对话中的口语产出是否不同有待考察。

那么，为何任务难度会影响汉语母语者对汉语学习者做出的交际调节量呢？研究者认为，当汉语母语者之间对话时，由于双方共享图片中文化知识储备及类似的情景模式表征，即图片内容为共知信息，加上双方语言水平相当。因此，预期汉语母语者之间的对话在不同难度图片情境对话中不会出现显著的交际调节。然而，汉语母语者与汉语学习者对话时，发现对方的情景模式表征和自己的情景模式表征之间存在空缺，汉语母语者会发生内隐交际调节，即自动化交际调节。自发运用对方使用过的词语和句法结构进行回答，帮助对方弥补情景表征中缺少的部分，帮助外语学习者更好地进行话语理解（Adams，1998；Bingham，1996），且只有学习者能够理解外语输入时，语言习得才能发生（Krashen，1981）。此外，汉语学习者除语言水平不如汉语母语者之外，对中国文化的了解还不够充分。两者在不同情景模式的表征上存在差异。例如，留学生可能缺少有关中国历史的背景知识，没有对传统文化或历史场景构建交流所用的情景表征。因此，有些留学生会对不熟悉的场景更难提取恰当语汇进行语言交流。

（二）反馈类型对汉语学习者交际调节的影响

研究三发现，汉语母语者对汉语学习者做出的反馈类型，影响汉语学习者的交际调节量。具体来说，积极反馈能够促使汉语学习者更多地进行言语趋同；而消极反馈则会降低汉语学习者进行言语趋同的意愿程度。该结果说明，当汉语母语者在对话过程中给予汉语学习者较多的积极反馈，汉语学习者会因为对方的肯定、赞誉等语言而增强自己使用汉语交流的动机，减少因使用熟悉度较低的汉语可能会犯错等带来的焦虑情绪，提高自己使用汉语进行对话的自信心。在这些情感因素作用下，汉语学习者会表现出更多的自主交流意愿，表现出句法复杂度和话语流利度上的增强，即向汉语母语者的趋同调节意愿。而在消极反馈条件下，汉语学习者即使抱有学习汉语的高意愿，但可能也会因对话者的否定等消极反馈言语而在学习动机与自信心上有所降低，也更容易出现焦虑情绪，因此表现出较少趋同调节策略，甚至开始出现趋异调节的现象。

那么，为什么反馈类型能够导致汉语学习者进行不同程度的言语趋同呢？研究认为，不同类型的反馈能够唤起被试不同的情感，即积极反馈调动被试的积极情感，消极反馈调动被试的消极情感。根据"情感过滤假说"

（Krashen，1982），情感过滤是"阻碍学习者完全消化学习中获得的综合信息输入的一种情感障碍"，即当学习者在学习语言过程中产生情感障碍时，其语言学习效果会受到消极影响。本研究中，接受积极反馈的留学生被试和接受消极反馈的留学生被试，在对话中经历了不同程度的情感过滤。对于接受积极反馈的留学生，其情感过滤程度较低，因此其能够更好地加工汉语母语者的输入，将输入转化为吸收。对于接受消极反馈的留学生，其情感过滤程度较高，因此不利于其充分加工汉语母语者的输入。

此外，不同的情感导致被试产生不同水平的学习自信心、学习焦虑和学习动机。在与汉语母语者交流时，在积极反馈条件下，被试的自信心得到加强，焦虑感下降，交际的动机水平随之提高。因此，被试更愿意对对方做出趋同调节，以表达其愿意与对方交流、愿意向对方学习语言使用，或者愿意将自身语言调节到与对方相似，表明该调节也源于相似吸引。另一方面，在消极反馈条件下，被试的自信心不断受挫，焦虑感上升、交流的动机水平不断下降。因此，被试进行趋同调节的意愿水平下降。如袁朝辉、鲁晶晶、张蕊（2018）发现，教师在课堂上恰当的言语反馈，如肯定、表扬等积极言语反馈，可以促进学生的情感发展，即增强学生的学习动机，减少学生的焦虑情绪，增强学生学习语言的自信心，进而提高学生的学习效率与学习成绩。

鉴于积极反馈对留学生汉语学习的重要性，对外汉语教师应在与留学生对话时尽量使用积极反馈，避免消极反馈，从而提高留学生汉语学习的动机，降低其焦虑感，并增强其自信心，提高其汉语学习效果。

三、交际调节的作用

如前文所述，交际调节是否有利于学习者学习外语一直颇受争议。一方面，有学者提出使用外国人指向语，即对外国人进行交际调节会使外语学习者感觉母语者有居高临下的态度。根据 Krashen（1982）的"情感过滤假说"（Affective Filter Hypothesis），当外语学习者对外语输入的内容产生反感或厌恶时，其情感过滤将增多，不利于其接受输入。因此，当外语学习者反感对其使用交际调节时，交际调节则会阻碍其外语学习（Ferguson，1975）。另一方面，有学习者认为，对外国人进行的交际调节，主要发生在句法和话语层面。因此，外国人指向语对提高外国人的意义理解具有积极意义。研究四试图考察交际调节是否可以促进汉语学习者对汉语程式语,即汉语成语和习语的意义理解,所以采用汉语成语、习语解释任务,对比实验组(交际调节组)和控制组(无交际调节组)留学生被试在汉语成语、习语理解测试中的成绩,以考察交际调节是否可以提高留学生对汉语成语和习语的理解。

首先,为确保实验组中汉语母语者朗读的文本经过交际调节处理,研究者对实验组朗读文本和控制组朗读文本进行分析。结果发现,实验组文本的句子显著比控制组文本的句子短,实验组被试朗读的文本在句子长度上进行交际调节。此外,对实际实验录音的分析发现,控制组被试的语速比实验组被试的语速快2.37倍;控制组被试在每个标点符号处的总体停顿时长比实验组被试的总体停顿时长快2.85倍。由于控制组被试的语速和停顿时长为日常朗读语速和停顿时长,即无交际调节的语速和停顿时长,因此可以判断,实验九中实验组被试的确在语速和停顿时长方面进行交际调节。最后,对实验组和控制组留学生被试的成语、习语测试成绩进行独立样本t检验发现,实验组留学生的测试成绩显著高于控制组留学生的测试成绩,即$t=-6.74$,$p=0.00$。该结果说明,交际调节对实验组留学生被试的汉语成语、习语理解能力有显著提高。

那么,为何交际调节能够促进留学生对成语和习语的意义理解?首先,本研究的实验组中,汉语母语者朗读的句子显著比控制组短。由于短时记忆容量有限,短句比长句更容易进行加工和储存在短时记忆中。实验八和实验九的成语习语理解测试题是在留学生听完汉语母语者对成语、习语的解释后立即进行的,因此该测试主要依靠留学生的短时记忆。因此,降低句子长度有利于留学生在工作记忆中对句子进行加工,有利于其在测试时从短时记忆中提取成语和习语的意义进行例句判断。

此外,研究者认为,与汉语母语者相比,留学生的情景模式表征中存在两种不足:语言表征不足和文化表征不足。由于本研究中的汉语母语者只有在华一年多的学习生活经历,其接触的汉语输入量比较有限。在语言表征上,留学生尚未系统掌握的汉语词汇和语法知识导致其在言语理解和产出方面均受到一定限制。此外,由于语言水平和来华时间的限制,留学生对中国的地理、历史、民族传统、人文风情、节日习俗等文化的情景表征中存在不足。因此,在对话中,留学生需要更多的时间用于弥补其情景模式表征中的语言表征和文化表征的不足。

本研究中,实验组汉语母语者显著降低语速和增加各个标点符号处的停顿时间,给予了留学生更多的思考时间。考虑到留学生的语言水平,在言语理解过程中，需要更长的时间通达个人层面的语言表征。同时，有更多的时间用于话语理解降低留学生的焦虑。

先行研究表明，焦虑能够降低外语学习者语言理解的效果（Krashen，1985）。

第二节　总体结论

通过对比实验一和实验二中汉语母语者C1—C10与汉语母语者C11—C20和与留学生L1—L10的对话发现，汉语母语者之间对话时，C1—C10和C11—C20在句法复杂度三项指标上均无显著差异。此外，C1—C10和C11—C20在话语流利度五项指标上也无显著差异，说明汉语母语者对话时未发生显著的交际调节，即双方进行言语保持。然而，汉语母语者（C1—C10）与留学生对话时的句法复杂度和话语流利度均显著低于其与汉语母语者（C11—C20）对话时的句法复杂度和话语流利度。最后，汉语母语者（C1—C10）和留学生对话时，双方的句法复杂度和话语流利度出现显著的趋同现象。以上结果说明，汉语母语者与留学生对话时，在句法复杂度和流利度方面进行了交际调节。

本研究中，汉语母语者对留学生使用的交际调节策略主要由解释性策略和话语管理策略。首先，汉语母语者（C1—C10）将降低话语流利度作为一种解释策略。如前所述，汉语母语者通过降低话语流利度，更希望通过延长停顿时长给留学生更多的思考时间进行语言理解和加工。在帮助其弥补情景模式表征时，降低留学生的认知压力和焦虑感。此外，汉语母语者将意义理解核实疑问句作为一种解释策略。汉语母语者对留学生使用大量的意义理解核实疑问句，例如"你听懂了吗？""明白了吗？"然而，汉语母语者（C1—C10）并未对汉语母语者（C11—C20）使用意义理解核实疑问句。汉语母语者将意义理解核实问句作为解释手段之一，为了在沟通中确保对方能够跟得上自己的思路，理解自身话语。最后，汉语母语者将语码混合作为解释性策略。汉语母语者使用语码混合，以期帮助留学生更好地理解自身话语。对汉语母语者之间的对话分析没有发现语码混合的现象。语码混合属于汉语母语者与留学生对话中特有的一种隐性的解释性调节策略。

在话语管理策略上，通过对比汉语母语者之间的对话和汉语母语者与

第七章 总体讨论与结论

留学生的对话发现，汉语母语者主要采取的话语管理策略，体现在对面子维护和话轮的掌控上。在面子维护方面，汉语母语者与留学生对话时更加积极遵守礼貌原则，有意识地遵守"一致性准则"，采取积极的手段维护对方面子。此外，汉语母语者也善于遵守礼貌原则中的"赞誉原则"。在话题转换方面，汉语母语者对留学生使用的话语管理策略主要包括明确性的任务指示（如使用祈使句）和间接言语行为（如使用疑问句），即汉语母语者与留学生对话时倾向于使用显性和委婉的话题过渡方式，而与母语者对话时倾向于使用隐性的话题过渡方式，即汉语母语者之间对话时，被试一般采用陈述句，自然地从图片一过渡到图片二。

通过考察对话情境难易度（汉语学习者对对话情境的熟悉度），对汉语母语者在与汉语学习者对话时是否对自身语言的句法复杂度和话语流利度进行调节的影响，本研究发现，汉语母语者之间的对话无论对话情境难易均无交际调节，而汉语学习者与汉语母语者对话过程中，在难易情境图片对话中均发生了交际调节现象，且随着难度的增大，汉语母语者在语言的句法复杂度和话语流利度上均有显著降低（高难度对话情境的句法复杂度和话语流利度降低幅度大于低难度对话情境），即汉语学习者对情境越不熟悉，对话的汉语母语者进行的调节程度越大。

通过考察汉语学习者在与汉语母语者对话时，是否对自身语言的句法复杂度和话语流利度进行调节以及这种调节是否受到汉语母语者反馈类型的影响，发现不论是在无反馈条件、积极反馈条件还是消极反馈条件下，汉语学习者与汉语母语者对话过程中均发生了交际调节现象，且随着实验的进行，汉语学习者在语言的句法复杂度和话语流利度上均有所显著增强，即汉语学习者使用趋同调节策略。依据交际调节理论和相互吸引理论，汉语学习者在与汉语母语者进行对话过程中确实会依据对方话语在句子长度、停顿、语速、重复和发音等方面进行模仿。此外，结果发现，虽然在三种反馈类型下，汉语学习者均进行了趋同调节，但其使用程度受到反馈类型影响。具体来说，相比无反馈调节，积极反馈会增强汉语学习者的趋同调节使用策略，而消极反馈则会降低汉语学习者的趋同调节使用策略。

研究四旨在考察交际调节是否能够促进留学生理解汉语成语和习语的意义。实验采用文本朗读解释任务和汉语成语、习语意义理解测试。实验组（交际调节组）和控制组（无交际调节组）采用含有相同文字的文本，为留学生解释成语和提供例句。两组之间的不同在于：实验组文本的句子显著比控制组文本的句子短；实验组被试朗读的文本在句子长度上进行了交际调节。此外，在实际实验中，通过对实验录音的分析发现，控制组被试的语速比实验组被试的语速快 2.37 倍；控制组被试在每个标点符号处的总体停顿时长比实验组被试的总体停顿时长快 2.85 倍。由于控制组被试的语速和停顿时长为日常朗读语速和停顿时长，即无交际调节的语速和停顿时长。因此，可以推断，实验组被试在语速和停顿时长方面进行了交际调节。最后，对实验组和控制组留学生被试的成语、习语测试成绩进行独立样本 t 检验发现，实验组留学生的测试成绩显著高于控制组留学生的测试成绩，$t=-6.74$，$p=0.00$。该结果说明，交际调节对实验组留学生被试的汉语成语、习语理解能力有显著提高。

参考文献

[1] 蔡整莹,曹文.泰国学生汉语语音偏误分析[J].世界汉语教学,2002(2).

[2] 曹秀玲.韩国留学生汉语语篇指称现象考察[J].世界汉语教学,2000(4).

[3] 陈默.美国留学生汉语口语产出的流利性研究[J].语言教学与研究,2012(2).

[4] 陈默.美国留学生汉语口语产出的韵律边界特征研究[J].世界汉语教学,2013(1).

[5] 陈默.汉语作为第二语言自然口语产出的复杂度、准确度和流利度研究[J].语言教学与研究,2015(3).

[6] 陈默,李侑璟.韩语母语者汉语口语复杂度研究[J].语言文字应用,2016(4).

[7] 陈默,周庆.韩语母语者汉语朗读流利度研究[J].华文教学与研究,2016(2).

[8] 陈若凡.留学生使用"能""会"的偏误及教学对策[J].语言教学与研究,2002(1).

[9] 陈瑶.菲律宾学生汉语语音偏误及其对策[J].福建论坛(人文社会科学版),2012(S1).

[10] 陈颖.从汉民族思维特点入手谈对外汉语教学中的字词教学[J].语言文字应用,2014(2).

[11] 戴云娟.汉语作为第二语言的教学模式探析[J].云南师范大学学报(对外汉语教学与研究版),2006(3).

[12] 党艳平.韩国留学生学习汉语语音时的主要障碍和解决策略[D].烟台:鲁东大学,2013.

[13] 丁安琪,沈兰.韩国留学生口语中使用介词"在"的调查分析[J].语言教学与研究,2001(6)

[14] 丁安琪，肖潇. 意大利学习者初级汉语口语词汇能力发展研究 [J]. 世界汉语教学，2016（2）.

[15] 付萍. 从交际调节理论角度看刻意曲解 [J]. 湖北经济学院学报（人文社会科学版），2007（7）.

[16] 傅氏梅，张维佳. 越南留学生的汉语声母偏误分析 [J]. 世界汉语教学，2004（2）.

[17] 海珂. 留学生汉语口语交际策略研究 [D]. 上海：华东师范大学，2006.

[18] 何山燕. 浅谈对外汉语教学中的社交—语用失误问题 [J]. 广西民族学院学报（哲学社会科学版），2005（12）.

[19] 何山燕. 留学生汉语口语话轮转换研究 [J]. 广西民族大学学报（哲学社会科学版），2010（2）.

[20] 高思畅，王建勤. 句法成分长度对汉语二语学习者韵律组块的影响 [J]. 语言教学与研究，2019（1）.

[21] 黄嫱. 任务难度与任务条件对中国非专业英语学习者口语产出的影响 [J]. 天津外国语学院学报，2009（1）.

[22] HUYNH TUAN QUY，张昊民，马君. 绩效反馈、习得性无助与创造力的关系研究——失败学习行为的有中介的调节作用 [J]. 华东经济管理，2016（5）.

[23] 洪柳. 外国留学生汉语学习中存在的问题、原因和对策 [J]. 煤炭高等教育，2012（5）.

[24] 洪秀凤. 留学生汉语口语产出非流利填充语研究 [D]. 合肥：安徽大学，2015.

[25] 胡壮麟. 作为外语的汉语教学 [J]. 中国外语教育，2008（2）.

[26] 姜帆. 母语语音迁移对外语词语听辨和口语产出的影响 [J]. 解放军外国语学院学报，2016（5）.

[27] 姜帆，刘永兵. 听觉启动的刺激具体性对外语词语音位表征的影响 [J]. 现代外语，2015（4）.

[28] 姜帆，曾凡姣. 年轻人与老年人电话交谈中的交际调节 [J]. 教育，2017（3）.

[29] 雷潇. 语境和熟悉度对中文成语理解的影响：来自ERPs的证据 [D]. 长沙：湖南师范大学，2011.

[30] 李宏强. 言语适应论在外语口语教学中的实践探讨（英文）[J]. 语

文学刊（外语教育与教学），2010（10）.

[31] 李军，王靖.基于汉语国际推广的对外汉语专业人才培养模式研究[J].中国电力教育，2009（17）.

[32] 李如龙.汉语的特点与对外汉语教学[J].语言教学与研究，2014（3）.

[33] 李修斌，臧胜楠.近三十年对外汉语教学中文化教学研究述评[J].教育与教学研究，2013（7）.

[34] 李艳翠，孙静，周国栋.汉语篇章连接词识别与分类[J].北京大学学报（自然科学版），2015（2）.

[35] 冽玮.海外汉语热持续升温，欧洲已建立孔子学院104所[J].海外华文教育动态，2010（6）.

[36] 林殿芳，王俊菊.影响学生课堂交际意愿的教师因素研究[J].外语教学，2018（4）.

[37] 刘明章.语音偏误与语音对比——谈朝鲜人汉语语音教学问题[J].汉语学习，1990（5）.

[38] 刘瑜，吴辛夷.汉语二语学习者口语产出的流利度研究[J].华文教学与研究，2016（4）.

[39] 马丽.交际调节理论的形成及其应用[J].海南大学学报（社会科学版），1998（1）.

[40] 孟悦.会话分析方法与二语语用发展的课堂教学[J].教育科学，2010（1）.

[41] 排孜丽耶·吐尔松.哈萨克斯坦留学生汉语口语学习策略调查研究[D].伊宁：伊犁师范学院，2016.

[42] 钱玉莲，刘祎宁.留学生汉语听觉与视觉输入学习策略调查研究[J].世界汉语教学，2016（4）.

[43] 阮静.论对外汉语教学研究中的文化视野问题[J].中央民族大学学报（哲学社会科学版），2012（1）.

[44] 沈荭.对外汉语教学现状及对策研究[J].重庆大学学报：社会科学版，2001（3）.

[45] 宋童.初级班韩国留学生汉语口语学习策略研究[D].广州：广东外语外贸大学，2016.

[46] 孙晓明.准备因素对留学生汉语口语表达的影响[J].民族教育研究，2008（19）.

[47] 孙筱冀.欧美留学生对汉语教材中交际规约理解障碍的调查报告

[D]. 北京：北京大学，2012.

[48] 汤仕普. 交际意义的形成过程分析 [J]. 六盘水师范高等专科学校学报，2010（2）.

[49] 唐毅. 文化背景和汉语水平对外国留学生汉语口语交际策略使用的影响 [J]. 现代外语，2016（2）.

[50] 王爱平，陈叔和，舒华. 不同文章难度条件下文化特征类型熟悉度对阅读理解的影响 [J]. 心理学探新，2005（3）.

[51] 王安红，具旼炯. 语音同化与韩国学生汉语普通话声母偏误分析 [J]. 世界汉语教学，2014（4）.

[52] 温宝莹，谢郴伟. 日本学习者汉语陈述句语调的韵律匹配 [J]. 南开学报（哲学社会科学版），2018（4）.

[53] 王佶旻. 初级阶段留学生个体背景因素与口语测验表现的关系 [J]. 汉语学习，2007（5）.

[54] 王瑾，黄国文，吕黛蓉. 从会话分析的角度研究语码转换 [J]. 外语教学，2004（25）.

[55] 王力. 在第一届国际汉语教学讨论会上的讲话 [J]. 语言教学与研究，1985（4）.

[56] 王力. 韩国与非洲留学生汉语口语学习策略对比研究 [D]. 长春：东北师范大学，2016.

[57] 王楠. 外国留学生三音节易混淆口语习用语使用偏误及教学对策 [D]. 沈阳：沈阳师范大学，2013.

[58] 王茜. 美国学生汉语语音教学建议 [J]. 教育理论与实践，2014（34）.

[59] 王添淼. 对外汉语教学中教师体态语的运用 [J]. 汉语学习，2010（6）.

[60] 王颖，刘振前. 教师反馈对英语写作准确性、流利性、复杂性和总体质量作用的研究 [J]. 外语教学，2012（6）.

[61] 王妍妍. 初中级水平留学生汉语口语测试焦虑研究 [D]. 上海：华东师范大学，2009.

[62] 王英贤. 中级水平留学生朗读声调与口语表达声调的偏误分析 [D]. 上海：华东师范大学，2009.

[63] 肖瑶，刘艺. 日本学习者汉语焦点句语调的习得分析 [J]. 汉语学习，2018（6）.

[64] 徐冰若. 对外汉语教学的历史回顾及其现状，发展 [J]. 科教文汇（下半月），2006（9）

[65] 徐琴芳. 不同任务下的口语准确性研究 [J]. 山东外语教学, 2005（6）.

[66] 许小凤. 海外汉语学习者文化熟悉度对词汇记忆的影响研究 [D]. 福州：福建师范大学，2012.

[67] 许小凤. 基于汉语二语学习者对词语记忆的影响因素分析 [J]. 福建师大福清分校学报，2018（1）.

[68] 袁朝辉，鲁晶晶，张蕊. 基于社会建构论的教师言语反馈对学生积极情感的影响研究 [J]. 新西部，2018（36）.

[69] 袁义. 社会语言学中的交际调节理论研究 [J]. 外语教学与研究，1992（4）.

[70] 姚艳梅. 任务复杂度、任务难度对口语表达的影响 [J]. 渭南师范学院学报，2012（8）.

[71] 姚倩. 以汉语为第二语言的学习者习得"任何"的研究 [J]. 语言教学与研究，2016（3）.

[72] 叶南. 对外汉语语音偏误研究 [J]. 西南民族大学学报（人文社科版），2008（10）.

[73] 余文青. 对留学生口语词汇和笔语词汇的调查 [J]. 世界汉语教学，2002（4）.

[74] 张寒随. 初级阶段对外汉语语用教学浅谈 [D]. 武汉：华中师范大学，2011.

[75] 张和生. 外国学生汉语词汇学习状况计量研究 [J]. 世界汉语教学，2006（1）.

[76] 张娟. 中高级留学生汉语口语习用语的习得与教学研究 [D]. 西安：西安外国语大学，2014.

[77] 张凯，王慧敏. 反馈时机对中国英语学习者口语准确性和流利性发展的影响 [J]. 中国海洋大学学报（社会科学版），2017（1）.

[78] 张莉. 留学生汉语学习焦虑感与口语流利性关系初探 [J]. 语言文字应用，2001（3）.

[79] 张瑞芳. 蒙古留学生汉语语音偏误分析及教学对策 [J]. 内蒙古师范大学学报（教育科学版），2008（9）.

[80] 张亚军. 对外汉语教法学之研讨 [J]. 世界汉语教学，1987（1）.

[81] 赵金铭. 汉语句法结构与对外汉语教学 [J]. 中国语文，2010（3）.

[82] 中村广美. 中高年级日本留学生学习听力和口语的特点及对策 [J]. 福建论坛（人文社会科学版），2011（S1）.

[83]朱彦.透过"反馈"之镜,倾听课堂之音——大学英语学习者对口头纠错反馈的信念探究 [J].外语与外语教学,2016(1).

[84]邹雨晨,丁颖,张旭然,等.不同类型反馈对儿童学习效果的影响及性别差异 [J].心理发展与教育,2018(5).

[85]Adams, T.W., *Gesture in foreigner talk*, Philadelphia: University of Pennsylvania, 1998.

[86]Aijmer, K., *Conversational routines in spoken discourse*, London: Longman, 1996.

[87]Alessa, A., *Najdi speakers in Hijaz: A sociolinguistic investigation of dialect contact in Jeddah*, Essex: University of Essex, 2008.

[88]Ashby, F.G., O'Brien, J.B., "The effects of positive versus negative feedback on information-integration category learning", *Perception & Psychophysics*, 2007, 69(6).

[89]BABEL, M.E., *Phonetic and social selectivity in speech accommodation*. Berkeley: University of California, 2009.

[90]Beebe, L., Gile, H., "Speech accommodation theory: A Discussion in Terms of Second Language Acquisition", *International Journal of the Sociology of Language*, 1984(46).

[91]Beebe, L., Zuengler, J., *Accommodation theory: An explanation for style shifting in second language dialects*, New York: Newbury House, 1983.

[92]Bialystok, E., "Communication strategies: A psychological analysis of second-language use", *Blackwell*, 1990, 26(2).

[93]Bilmes, J. "The concept of preference in conversation analysis", *Language in society*, 1988, 17(02).

[94]Bingham, E.R., *Accommodation and foreigner talk in an experimental setting*, Austin: University of Texas at Austin, 1996.

[95]Bowles, H., "Getting down to business in in-service telephone calls: A CA study of 'reason-to-call'", *English for Specific Purposes*, 2006, 25.

[96]Brantmeier, C., "Researching Chinese learners: skills, perceptions and intercultural adaptations", *System* 2, 2013(41).

[97]Bu, J., "A study of pragmatic transfer in compliment response

strategies by Chinese learners of English", *Journal of Language Teaching and Research 1*, 2010 (2).

[98]Byrne, D., "Attitudes and attraction", *Advances in Experimental Social Psychology*, 1969, 4 (3).

[99]Cavallaro, F., Seilhamer, M.F., Chee, Y.T.F., et al., "Overaccommodation in a Singapore eldercare facility", *Journal of Multilingual and Multicultural Development*, 2016, 37 (8).

[100]Chikamatsu, N., "The effects of L1 orthography on L2 word recognition: A study of American and Chinese learners of Japanese", *Studies in Second Language Acquisition*, 1996, 18 (04).

[101] Chomsky, N., *Aspects of the theory of syntax*, Cambridge: M.I.T.Press, 1965.

[102]Cleland, A.A., Pickering, M.J., "The use of lexical and syntactic information in language production: Evidence from the priming of nounphrase structure", *Journal of Memory and Language*, 2003, 49 (2).

[103]Coupland, N., Giles, H., "Introduction the communicative contexts of accommodation", *Language and Communication*, 1988, 8(3-4).

[104]Delvaux, V., Soquet, A., "The influence of ambient speech on adult speech productions through unintentional imitation", *Phonetica*, 2007, 64 (2-3).

[105]Devito, J., Hecht, M., *The nonverbal communication reader*, Illinois: ILWaveland Press, 1990.

[106]Drew, P., Heritage, J., *Talk at work*, Cambridge: Cambridge University Press, 1992.

[107]Ellis, R., *Understanding second language acquisition*, Oxford: Oxford University Press, 1994.

[108]Ellis, R., *Task-based language learning and teaching*, Oxford: Oxford University Press, 2003.

[109]Ferguson, C.A., "Towards a characterization of foreigner talk", *Anthropological Linguistics*, 1975, 17 (1).

[110]Fortman, J., "Adolescent language and communication from an intergroup perspective", *Journal of Language and Social Psychology*, 2003, 22.

[111]Foster, P., Skehan p., "The influence of planning and task type on second language performance", *Studies in Second Language Acquisition*, 1996, 18（3）.

[112]Foursha-Stevenson, C., Schembri, T., Nicoladis, E., et al., "The influence of child-directed speech on word learning and comprehension", *Journal of Psycholinguistic Research*, 2017（46）.

[113]Freed, B.F., "Foreigner talk, baby Talk, native Talk", *International Journal of the Sociology of Language*, 1981（28）.

[114]Gardner, R., Wagner, J., *Second language conversations*, New York: Continuum, 2004.

[115]Garfinkel, H., "The origins of the term 'ethnomethodology'", *Ethnomethodology*, 1974.

[116]Garrod, S., Pickering, M.J., "Why is conversation so easy？", *Trends in cognitive sciences*, 2004, 8（1）.

[117]Giles, H., "Accommodating translational research", *Journal of Applied Communication Research*, 2008, 36（2）.

[118]Giles, H., Coupland, N., *Language: Context and consequences. Mappingsocial psychology*, Belmont: Thomson Brooks/Cole Publishing, 1991.

[119]Giles, H., Coupland, J., Coupland, N., *Contexts of accommodation: developments in applied sociolinguistics*, California: Cambridge University Press, 1991.

[120]Giles, H., Coupland, J., Coupland, N., *Context of accommodation*, California: Cambridge University Press, 2007.

[121]Goldman-Eisler, F., *Psycholinguistics: experiments in spontaneous speech*, London: Academic Press, 1968.

[122]Goffman, E., "The interaction order: American Sociological Association, 1982 residential Address", *American sociological review*, 1983, 48（1）.

[123]Goodwin, C., "The interactive construction of a sentence in natural Conversation", *Everyday Language: Studies in Ethnomethodology. G.Psathas*, New York, Irvington Publishers, 1979.

[124]Gregory, S.W., Dagan, K., Webster, S., "Evaluating the

relation of vocal accommodation in conversation partners' fundamental frequencies to perceptions of communication quality", *Journal of Nonverbal Behavior*, 1997, 21 (1).

[125]Gudykunst, W.B., Kim, Y.Y., *Communicating with strangers: An approach to intercultural communication*, New York: Mc Graw Hill, 2003.

[126]Halualani, R.T., "How do multicultural university students define and make sense of intercultural contact: A qualitative study", *International Journal of Intercultural Relations*, 2008, 32 (1).

[127]Hatch, E., "Discourse analysis and second language acquisition", *Second language acquisition: A book of readings*, 1978, 2.

[128]Herman, R.E., Williams, K.N., "Elderspeak's influence on resistiveness to care: Focus on behavioral events", *American Journal of Alzheimer's Disease & Other Dementias*, 2009 (5).

[129]Heritage, J., *Garfinkel and ethnomethodology*, Cambridge: Polity Press, 2008.

[130]Hogg, M.A., Hardie, E.A., Reynolds, K.J., "Prototypical similarity, selfcategorization, and depersonalized attraction: A perspective on groupcohesiveness", *European Journal of Social Psychology*, 1995, 25.

[131]Homans, G.C., *Social behavior: its elementary forms*, New York: Harcourt, Brace, 1961.

[132]Hosoda, Y., "Hibogowasha to bogowasha no nichijoo komyunikeeshon ni okeru gengo gakushuu no seeritsu[Language learning in ordinary communication between native speakers and nonnative speakers]", *Shakaigengo kagaku[The Japanese Journal of Language in Society]*, 2003, 6(1).

[133]Jarvis, S., Pavlenko, A., *Crosslinguistic influence in language and cognition*, New York: Routledge, 2008.

[134]Jefferson, G., "Glossary of transcript symbols with an introduction", *Pragmatics and Beyond New Series*, 2004, 125.

[135]Jones, G.E., "L2 speakers and the pronouns of address in Welsh", *Journal of ultilinguistic and Multicultural Development*, 1984, 3.

[136]Jones, E.E., Davis, K.E., "From acts to dispositions the attribution process in person perception", *Advances in Experimental Social*

Psychology, 1965（2）.

[137]Kemper, S., "Elderspeak: Speech accommodations to older adults", Aging, *Neuropsychology, and Cognition: A Journal on Normal and Dysfunctional Development*, 1994（1）.

[138]Kemper, S., Harden, T., "Experimentally disentangling what's beneficial about elderspeak from what's not", *Psychology and Aging*, 1999（4）.

[139]Kondo-Brown, K., Brown, J.D., "Teaching Chinese, Japanese, and Korean heritage language students: Curriculum needs, materials, and assessment", *Education Review//Reseñas Educativas*, 2008.

[140]Krashen, S.S., *Second language acquisition and second language learning*, Oxford: Pergamon, 1981.

[141]Krashen, S.S., *Principles and practice in second language acquisition*, Oxford: Pergamon Press Inc, 1982.

[142]Krashen, S.S., *The input hypothesis: issues and implications*, London: Longman, 1985.

[143]Labov, William, *The Social Stratification of English in New York City*, Washington, DC: Center for Applied Linguistics, 1966.

[144]Lea, M., Duck, S., "A Model for The role of Similarity of Values in Friendship Development", *British Journal of Social Psychology*, 1982, pp.21.

[145]Leech, G., *Principles of Pragmatics*, London: Longman, 1983.

[146]Levelt, W.J.M., Roelofs, A., Meyer, A.S., "A Theory of Lexical Access in Speech Production", *Behavioral and Brain Science*, 1999, 22（1）.

[147]Li, S., Zhu, Y., Ellis, R., "The Effects of the Timing of Corrective Feedback on the Acquisition of a New Linguistic Structure", *Modern Language Journal*, 2016, 100（1）.

[148]Libben, G., Jarema, G., "Conceptions and questions concerning morphological processing", *Brain and Language*, 2004, 90（1-3）.

[149]Long, D., "Nihongo ni yoru komyunikeeshon: Nihongoni okeru forinaa tooku [Communication in Japanese: Japanese Foreigner-Talk]", *Nihongogaku*, 1992, pp.11.

[150]Markee, N., *Conversation analysis*, Mahwah: Lawrence Erlbaum

Associates, 2000.

[151]Maynard, D.W., Clayman, S.E., "Ethnomethodology and conversation analysis", *Handbook of symbolic interactionism*, 2003, 142(3).

[152]Mcguire, L.C., Morian, A., Codding, R., "Older adults' memory for medical information: influence of elderspeak and note taking", *International Journal of Rehabilitation and Health*, 2000(5).

[153]Mccann, R., "GILES HCommunication with people of different ages in the workplace: Thai and American data", *Human Communication Research*, 2006., 32(1).

[154]Mchoul, A., Rapley, M., *How to analyse talk in institutional settings: A casebook of methods*, London: Continuum, 2001.

[155]Meisel, J., "Auslanderdeutsch und Deutsch auslandischer Arbeiter.Zur moglichen Entstenhung eines Pidgin in der BRD", *Zeitschrift fur Literaturwissenschaft und Linguistik*, 1975, 5(18).

[156]Miller, K., *Communication theories, perspectives, processes, and Contexts*, Boston: McGraw Hill, 2005.

[157]Miller, P., "Body language in the classroom", *Techniques: Connecting Education and Careers*, 2005, 80(8).

[158]Nakatani, Y., "Developing an oral communication strategy inventory", *The Modern Language Journal*, 2006, 9(2).

[159]Nielsen, K., "Phonetic imitation by young children and its developmental changes", *Journal of Speech, Language, and Hearing Research*, 2014, pp.576.

[160]Ochs, E., *Culture and language development*, Cambridge: Cambridge University Press, 1988.

[161]Ohata, K., "Phonological differences between Japanese and English: Several potentially problematic", *Language Learning*, 2004, pp.22.

[162]O'Seaghdha, P.G., Chen, J.Y., Chen, T.M., "Proximate units in word production: phonological encoding begins with syllables in Mandarin Chinese but with segments in English", *Cognition*, 2010, 115(2).

[163]Oxford, R.L., *Language Learning Strategies: What Every Teacher Should Know*, New York: Newbury House/Harper & Row, 1990.

[164]Pardo, J.S., "On phonetic convergence during conversational Interaction", *The Journal of the Acoustical Society of America*, 2006, 119(4).

[165]Pickering, M.J., Garrod, S., "Toward a mechanistic psychology of dialogue", *Behavioral and Brain Science*, 2004, 27(2).

[166]Platt, J., Weber, H., "Speech convergence misscarried: An investigation into inappropriate accommodation strategies", *International Journal of the Sociology of Language*, 1984.

[167]Psathas, G., *Conversation analysis: the study of talk-in-interaction*, London: Sage Publications, 1995.

[168]Putman, W.B., Street, R.L., "The conception and perception of noncontent speech performance: implications for speech-accommodation theory", *International Journal of the Sociology of Language*, 1984, 46.

[169]Richards, K., Seedhouse, P., *Applying conversation analysis*, Basingstoke: Palgrave Macmillan, 2005.

[170]Rost, M., Ross, S., "Learner use of strategies in interaction: typology and teachability", *Language Learning*, 1991, 41(2).

[171]Sacks, H., Sherzer, J., *Explorations in the ethnography of Speaking*, Cambridge: Cambridge University Press, 1974.

[172]Sacks, H., Schegloff, E.A., *Everyday language: studies in ethnomethodology*, Hillsdale: Erlbaum, 1979.

[173]Sacks, H., Schegloff, E.A., Jefferson, G., "A simplest systematics for the organization of turn-taking for conversation", *Language*, 1974, 50(4).

[174]Sand, N.T., *Communication accommodation in context: an analysis of convergence and divergence in action*, State of North Dakota: North Dakota State University, 2012.

[175]Sarangi, S., Roberts, C., *Talk, work and institutional order*, Berlin: Mouton de Gruyter, 1999.

[176]Seedhouse, P., "Conversation analysis and language learning", *Language teaching*, 2005, 38(04).

[177]Sert, O., Seedhouse, P., "Introduction conversation analysis in applied Linguistics", *Online Submission*, 2011, 5(1).

[178]Skoutarides, A., "Nihonjin ga gaikokujin to hanasu toki [When

Japanese speak with foreigners]", *Kokubungaku Kaishaku to Kanshou*, 1988(1).

[179]Shockey, L., "All in a flap: Long-term accommodation in phonology" *IJAL*, 1984, pp.46.

[180]Sidnell, J., *Conversation analysis: an introduction*, New Jersey: Wiley-Blackwell, 2011.

[181]Tajfel, H., "Social identity and intergroup behaviour", *Social Science Information*, 1974, 13(2).

[182]Tracy, K., Haspel, K., "Language and Social Interactions: Its institutiona lidentity, Intellectual Landscape, and Discipline-shifting Agenda", *Journal of Communication*, 2004, 54.

[183]Trainor, L.J., Desjardins, R.N., "Pitch characteristics of infant-directed speech affect infants' ability to discriminate vowels", *Psychonomic Bulletin & Review*, 2002, 9(2).

[184]Trofimovich, P., Kennedy, S., "Interactive alignment between bilingual interlocutors: Evidence from two information-exchange tasks", *Bilingualism: Language and Cognition*, 2014, 17(4).

[185]Trudgill, P., *Dialects in contact*, Oxford: Basil Blackwell, 1986.

[186]Uther, M., Knoll, M.A., Burnham, D., "Do you speak E-NG-L-I-SH? A comparison of foreigner-and infant-directed speech", *Speech Communication*, 2007(49).

[187]Valdes, G., Garcia, H., Storment, D., *Bilingualism and language contact: Spanish, English, and native American languages*, New York: Teachers College Press, 1982.

[188]Wardhaugh, R., *An introduction to sociolinguistics*, Oxford: Oxford Blackwell Publisher Ltd, 1998.

[189]Werker, F., Pons, F., Dietrich, C., "Infant Directed Speech Supports Phonetic Category Learning in English and Japanese", Cognition, 2007(103).

[190]Wetherell, M., "Positioning and Interpretative Repertoires: Conversation Analysis and Post-structuralism in Dialogue", *Discourse & society*, 1998, 9(3).

[191]Wingfield, A., Lahar, C.J., Stine, E.A.L., "Age and Decision Strategies in Running Memory for Speech: Effects of Prosody and Linguistic

Structure", *Journal of Gerontology*: *Psychological Sciences*, 1989 (44).

[192]Wingfield, A., Stine, E.L., "Organizational Strategies in Immediate Recall of Rapid Speech by Young and Elderly Adults", *Experimental Aging Research*, 1986 (12).

[193]Wong, J., "layed next turn repair initiation in native/non-native speaker English conversation", *Applied Linguistics*, 2000, 21 (2).

[194]Zimbardo, P.G., Ebbesen, E.B., Maslach, C., *Influencing attitudes and changing behavior* (*2nd ed.*), MA: Addison-Wesley, 1977.

附　录

附录1　被试招募启事（汉语母语者）

研究参与者招募公告

亲爱的各位同学：

大家好！

本人现招募研究参与者若干名。该研究主要考察汉语母语者的语言表达能力，不会对参加人员造成任何伤害。研究结果将以匿名的形式在论文中进行汇报，充分保护同学们的个人隐私。

实验共需3次进行，每次5分钟左右。参加研究的同学将得到30元人民币的报酬。

实验时间：＿＿＿年＿＿＿月＿＿＿日（星期＿＿＿）18：30—＿＿＿＿＿
实验地点：
联　系　人：
电　　　话：
微　　　信：

非常感谢您的参与。
祝身体健康，学习进步！

附录2 被试招聘启事(汉语学习者)

Research Participants Wanted

Dec.1st, 2016

Dear all,

Thank you for reading this recruitment ad.

Some research participants are wanted to join a project investigating the speaking competence of overseas students in China. The research does not harm the physical or mental health of the participants and the results will be used exclusively and anonymously in the project report.

Each participant will first fill in a language background questionnaire (about 10 minutes) and be given a written Chinese language proficiency test (about 10 minutes) and a spoken Chinese test (about 10 minutes). In addition, the participants are kindly required to attend one experiment, for about 5～8 minutes. Each participant will be rewarded with 10 yuan.

The experiments will be conducted on campus at your convenience. For more information, please contact ××× at 188-4340-×××× or Wechat(微信):×××.

Thank you so much for your participation.

Best regards !

附录3 实验同意书

实验同意书（Letter of Permission）

本人已阅读实验公告且已了解实验意图和内容，特此同意研究者将本人的个人信息和实验对话内容以匿名的形式在论文中进行汇报。

I have read the experiment announcement and understood the purpose and contents of the experiments. I hereby agree that my personal information and experimental conversations are reported in the dissertation on condition that it is done anonymously.

感谢您的参与！

祝身体健康，学习进步！

Thank you very much for your participation.

Best regards !

被试编号（subject number）：
姓名（name）：
日期（date）：

附录4 研究一、研究二 中文实验说明书

亲爱的各位同学：

大家好！

非常感谢大家的帮助和配合前来参加研究。研究共分2项实验，具体如下：

实验一中，你将和另一位中国籍同学一起描述和讨论两幅照片。可以描述照片中的场景、人物、事件等信息。此外，你也可以结合自身经历对图片内容进行自由发挥，并随时可以向对方提问。

实验二中，你将和一位外国留学生一起描述两幅照片。同样可以就照片中的场景、人物、事件等信息展开描述和讨论。同时，你也可以结合自身经历对图片内容进行自由发挥，并随时可以向对方提问。

如有任何问题，请在实验开始前向实验助手询问。实验开始后，不得与实验助手沟通。

附录 5 研究三 中文实验说明书

亲爱的各位同学：

大家好！

非常感谢大家的帮助和配合前来参加研究。

《实验五 实验说明》

你将和另一位留学生一起在两张图片的帮助下进行对话。你们可以描述照片中的场景、人物、事件等信息。此外，你也可以结合自身经历对图片内容进行自由发挥，并随时可以向对方提问。请在对话过程中，不要对留学生的发言做出任何积极性或消极性的评价反馈，如："你说得真好！"或"某某字的发音不对。"

《实验六 实验说明》

你将和另一位留学生一起在两张图片的帮助下进行对话。你们可以描述照片中的场景、人物、事件等信息。此外，你也可以结合自身经历对图片内容进行自由发挥，并随时可以向对方提问。请在对话过程中，尽量对留学生的发言做出积极性评价，如："你说得真好！""你的发音非常标准。"

《实验七 实验说明》

你将和另一位留学生一起在两张图片的帮助下进行对话。你们可以描述照片中的场景、人物、事件等信息。此外，你也可以结合自身经历对图片内容进行自由发挥，并随时可以向对方提问。请在对话过程中，尽量对留学生的发言做出消极性评价，如："不对，你说错了。""你对×××字的发音不标准。"

如有任何问题，请在实验开始前向实验助手询问。实验开始后，不得与实验助手沟通。感谢您的配合。

附录6 研究四 中文实验说明书

《实验八 实验说明》

本实验中,你将为留学生解释1—10个成语,并提供例子。实验引导员会发给你10个成语和其释义。每条成语解释结束后,实验引导员将询问留学生"你听懂了吗?"如果留学生回答"是的",实验引导员为留学生提供一个含有该成语的例子,让其判断该句子中是否可以使用该成语。然后,请你继续解释下一条成语。如果留学生回答"没听懂",则请你继续解释,直到留学生回答已听懂。实验在3分钟之内。

请注意:在你讲解成语过程中,请使用与汉语母语者交流时的正常语速和停顿。

如有任何问题,请在实验开始前向实验引导员询问。实验开始后,不得与实验引导员沟通。感谢您的配合。

再次感谢各位同学的配合。

祝学习进步,健康快乐!

《实验九 实验说明》

本实验中,你将为留学生解释1—10个成语,并提供例子。实验引导员会发给你10个成语和其释义。每条成语解释结束后,实验引导员将询问留学生"你听懂了吗?"如果留学生回答"是的",实验引导员为留学生提供一个含有该成语的例子,让其判断该句子中是否可以使用该成语。然后,请你继续解释下一条成语。如果留学生回答"没听懂",则请你继续解释,直到留学生回答已听懂。实验在3分钟之内。

请注意:在你讲解成语过程中,请降低你的语速,增加停顿的时间。

如有任何问题,请在实验开始前向实验引导员询问。实验开始后,不得与实验引导员沟通。感谢您的配合。

再次感谢各位同学的配合。

祝身体健康,学习进步!

附录7 英文实验说明书

Instructions on Experiment 1 to 7

Dear all participants,

Thank you very much for participating in the study.

In the experiment, you will be paired with a Chinese native speaker to talk about two pictures provided. You are kindly requested to talk about the scene, characters, events and anything concerning the picture. In addition, you may talk extend the conversation to include any personal evaluation or experience related to the pictures. You are free to ask each other questions about the pictures.

If you have any questions, please feel free to ask the assistant now. When the experiment starts, please don't ask the assistant any questions.

Thank you for your time again.

Best regards!

Instructions on Expriement 8 & 9

In the Experiment, you will be paired with another Chinese native speaker. The Chinese native speaker will explain some proverbs to you. When each explanation is finished, you will be asked "Do you understand?" If you understand the meaning of the proverb, please say "Yes". And you will be given a sentence to judge whether the proverb can be used properly in the sentence. If you don't understand the meaning of the proverb, please say "No". The Chinese native speaker will continue explaining it to you.

If you have any questions, please feel free to ask the assistant now. When the experiment starts, please don't ask the assistant any questions.

Thank you for your time again.

Best regards!

附录8 汉语母语者被试背景信息表

被试编号：

亲爱的各位同学：

大家好！

欢迎参加本研究。为了更好地分析实验结果与同学们的语言背景等信息的相关性，请大家认真详实地填写以下内容。谢谢！

一、基本信息

1. 性别： 2. 年龄：
3. 出生地： 4. 专业：
5. 年级： 6. 普通话水平（如已考）：
7. 外语语种： 8. 是否会说方言：
9. 方言名称： 10. 高考语文分数：
11. 高考英语分数： 12. 微信号：
13. 手机号：

二、回答问题

1. 你是否有外国朋友，并和他们交流？

2. 如果你有外国朋友，你和他们多久交流一次？一次交流多长时间？主要使用何种语言？

3. 你从几岁开始学习普通话？

4. 你经常和朋友们聊天交流吗？

感谢您的参与和帮助。

祝身体健康，学习进步！

附录9 留学生被试个人情况调查表

亲爱的各位同学：

大家好！

为了更好地进行实验分组和数据分析，请填写个人情况调查表。调查结果将以匿名的方式汇报，且仅用于本人论文写作。我们将尽全力保护个人隐私。敬请了解。谢谢您的合作与帮助。

Dear participants,

In order to group participants for the experiment and analyze the data, can you please help us fill out this personal information questionnaire？ The results of the questionnaire will be reported anonymously and will only be used for my dissertation writing. Every possible effort will be made to protect your privacy. Thank you so much for your understanding and support.

1. 中文姓名（Chinese name）：
2. 性别（Gender）：
3. 年龄（Age）：
4. 国籍（Nationality）：
5. 母语（Native language）：
6. 专业（Major）：
7. 汉语水平等级（HSK level）：
8. 手机号（mobile phone number）：
9. 是否会英语（Can you speak English？）：
10. 已在中国学习多久？（How long have you been in China？）

感谢您的参与和帮助。

Thank you so much for your participation and help.

附录10 汉语母语者被试语言能力自评表

被试编号：

为确保实验结果的效度和信度，请各位同学根据实际情况圈出相应的数字。谢谢大家的配合。得分选项数字代表的意义如下：

1="极差"；2="差"；3="一般"；4="良好"；5="优秀"

项目	问题	得分				
听力	1. 你对中国电视剧台词的理解能力如何？	1分	2分	3分	4分	5分
	2. 你与中国人进行聊天交谈的能力如何？	1分	2分	3分	4分	5分
口语	1. 你觉得自己的汉语发音清晰程度如何？	1分	2分	3分	4分	5分
	2. 你觉得自己平时说话的语速如何？	1分	2分	3分	4分	5分
	3. 你觉得自己的普通话整体水平如何？	1分	2分	3分	4分	5分
	4. 你的普通话被别人理解的程度如何？	1分	2分	3分	4分	5分
阅读	1. 你理解一般性汉语报刊的能力如何？	1分	2分	3分	4分	5分
	2. 你理解汉语书信的能力如何？	1分	2分	3分	4分	5分
写作	1. 你用汉语进行写作的总体能力如何？	1分	2分	3分	4分	5分
	2. 你用汉语写作的逻辑性如何？	1分	2分	3分	4分	5分

附录11 全体汉语母语者被试语言能力自评成绩

项目得分 被试编号	听力 (10分)	口语 (20分)	阅读 (10分)	写作 (10分)	总分 (50分)
C1	9分	18分	8分	9分	44分
C2	9分	18分	10分	8分	45分
C3	9分	15分	8分	8分	40分
C4	10分	17分	10分	9分	46分
C5	10分	14分	10分	9分	43分
C6	10分	16分	9分	8分	43分
C7	9分	17分	8分	10分	44分
C8	10分	18分	8分	9分	45分
C9	10分	14分	10分	9分	43分
C10	8分	16分	8分	8分	40分
C11	8分	16分	8分	8分	40分
C12	10分	17分	10分	8分	45分
C13	10分	16分	9分	8分	43分
C14	9分	16分	10分	7分	42分
C15	9分	19分	9分	8分	45分
C16	9分	19分	9分	10分	47分
C17	10分	18分	10分	8分	46分
C18	10分	16分	8分	8分	42分
C19	9分	16分	9分	6分	40分
C20	10分	17分	10分	8分	45分
C21	9分	16分	9分	9分	43分

续表

项目得分 被试编号	听力 （10分）	口语 （20分）	阅读 （10分）	写作 （10分）	总分 （50分）
C22	10分	14分	10分	8分	42分
C23	9分	15分	9分	9分	42分
C24	9分	17分	9分	8分	43分
C25	10分	15分	10分	9分	44分
C26	9分	18分	8分	9分	44分
C27	10分	15分	10分	8分	43分
C28	9分	18分	9分	9分	45分
C29	9分	17分	10分	8分	44分
C30	10分	17分	9分	9分	45分
C31	10分	18分	9分	9分	46分
C32	9分	16分	9分	9分	43分
C33	9分	19分	8分	9分	45分
C34	9分	18分	10分	8分	45分
C35	9分	18分	10分	8分	45分
C36	9分	17分	9分	9分	44分
C37	10分	17分	9分	9分	45分
C38	9分	18分	8分	8分	43分
C39	9分	19分	9分	9分	46分
C40	10分	19分	9分	8分	46分
C41	9分	17分	9分	9分	44分
C42	9分	18分	9分	8分	44分
C43	9分	18分	8分	9分	44分
C44	8分	17分	8分	9分	42分

续表

项目得分 被试编号	听力 (10分)	口语 (20分)	阅读 (10分)	写作 (10分)	总分 (50分)
C45	9分	19分	10分	9分	47分
C46	9分	18分	9分	8分	44分
C47	9分	18分	9分	9分	45分
C48	10分	18分	8分	8分	44分
C49	9分	19分	8分	9分	45分
C50	10分	17分	9分	8分	44分
C51	9分	18分	9分	9分	45分
C52	9分	18分	9分	8分	44分
C53	9分	17分	9分	9分	44分
C54	10分	17分	8分	8分	43分
C55	9分	18分	9分	9分	45分
C56	10分	18分	9分	8分	45分
C57	9分	17分	8分	9分	43分
C58	10分	18分	8分	9分	45分
C59	10分	16分	9分	8分	43分
C60	8分	17分	8分	8分	41分
C61	8分	16分	9分	8分	41分
C62	10分	18分	10分	8分	46分
C63	9分	18分	9分	8分	44分
C64	9分	17分	10分	8分	44分
C65	9分	18分	9分	10分	46分
C66	9分	18分	9分	8分	44分
C67	9分	18分	9分	9分	45分

续表

项目得分 被试编号	听力 (10分)	口语 (20分)	阅读 (10分)	写作 (10分)	总分 (50分)
C68	9分	18分	10分	8分	45分
C69	9分	19分	8分	9分	45分
C70	8分	17分	9分	9分	43分
C71	10分	19分	9分	9分	47分
C72	9分	18分	9分	9分	45分
C73	9分	17分	9分	9分	44分
C74	9分	18分	9分	8分	44分
C75	9分	18分	9分	9分	45分
C76	9分	17分	9分	8分	43分
C77	9分	18分	9分	9分	45分
C78	10分	18分	9分	8分	45分
C79	9分	19分	8分	8分	44分
C80	9分	18分	8分	9分	44分
C81	9分	17分	9分	8分	43分
C82	9分	18分	9分	8分	44分
C83	9分	17分	9分	8分	43分
C84	9分	18分	9分	9分	45分
C85	8分	18分	8分	9分	43分
C86	9分	17分	10分	8分	44分
C87	9分	17分	9分	8分	43分
C88	10分	18分	9分	8分	45分
C89	10分	17分	8分	9分	44分
C90	9分	17分	9分	9分	44分

附录12 汉语学习者被试汉语词汇量测试题

姓名（name）：   得分（score）：

亲爱的各位同学：
大家好！
为了了解各位同学的汉语词汇量，请认真完成下面的测试。
Dear all,
Thanks for participating in the research. Please finish the following test to enable us to know how much Chinese words you have mastered.

1. 看图读拼音写词语。（Please write the Chinese characters according to the pictures.）（16'）

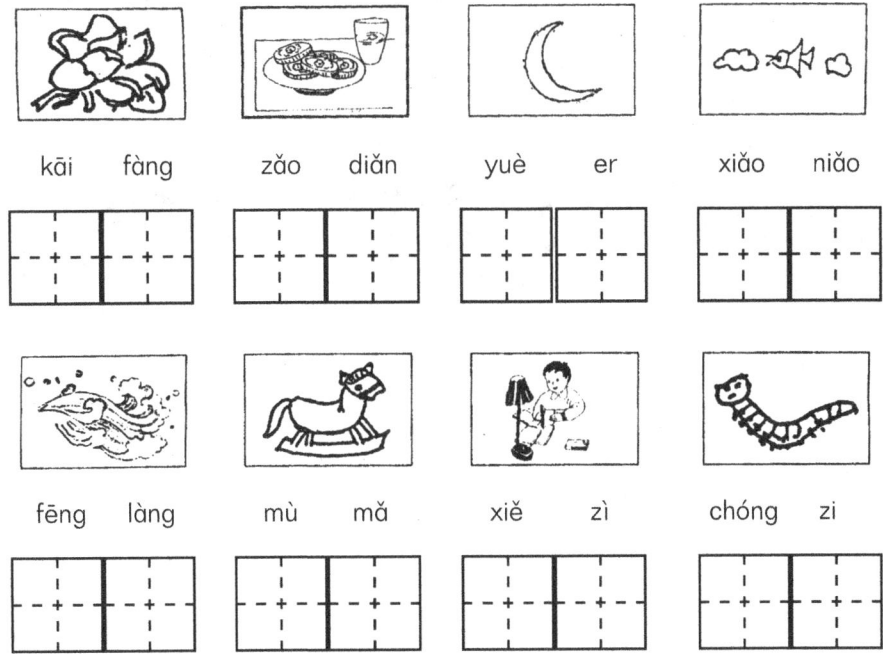

2. 读拼音写字词。（Please write the Chinese characters according to the Pingyin given.）（17'）

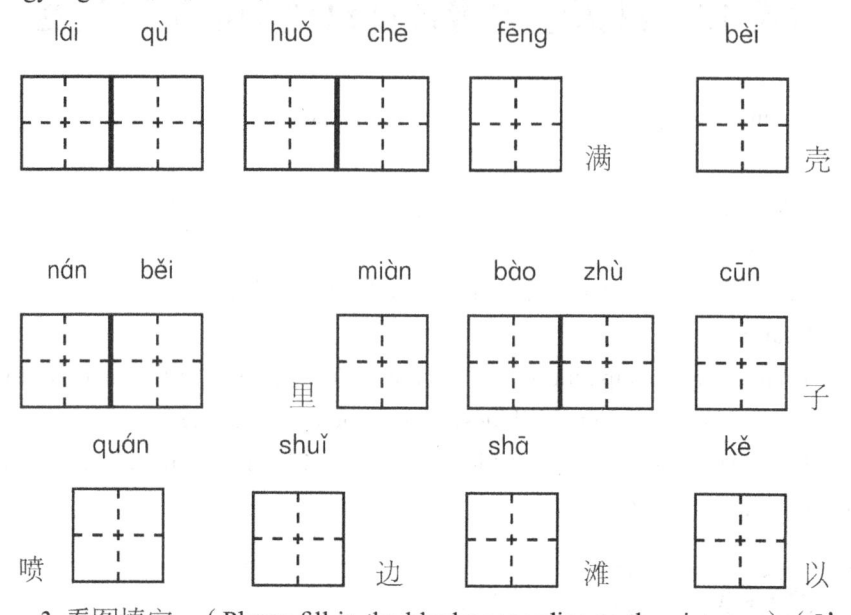

3. 看图填空。（Please fill in the blanks according to the pictures.）（5'）

  piàn fēng   xué   běn
___片　枫___   三个___生   ___本___

4. 选字填空。（Please choose the correct word according to the context.）（4'）

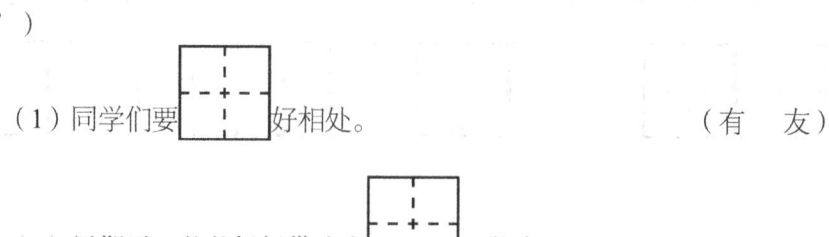

（1）同学们要 ☐ 好相处。   （有　友）

（2）星期天，爸爸妈妈带我去 ☐ 园散步。 （工　公）

160

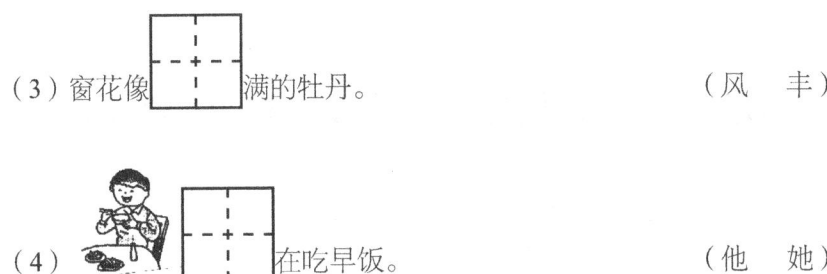

（3）窗花像☐满的牡丹。　　　　　　　　　　（风　丰）

（4）☐在吃早饭。　　　　　　　　　　　　　（他　她）

5.看图写故事。（Please make up a story according to the pictures provided.）（13'）

第5题答题纸：（Please write your answer to Question 5 in the following space.）_____
_____
_____
_____

（新人教版小学一年级语文上册单元测试题【全套】：http://wenku.baidu.com）

◎汉语母语者与汉语学习者对话中的交际调节研究

附录 13　汉语学习者被试口语能力测试题

亲爱的各位留学生同学：

大家好！

为了调查各位同学掌握的汉语词语情况，请完成下面试题：

1.朗读题（请出声朗读下面的短文。）

　　有一件事它经常浮现在我的脑海里，我至今难以忘记，那是在我一年级时发生的事情。记得那一天，妈妈像往常一样把我送到学校附近，就回家了。我刚到学校门口，就被学校门口的值日生叫住了："请问你的小黄帽怎么没有戴呢？"我用手摸了摸头，才发现刚才匆匆忙忙赶往学校，把小黄帽忘在了家里。我赶紧往回跑，心里很担心不能准时回学校上课，一边跑一边急得哭了起来。突然，一个戴眼镜的阿姨亲切地把我叫住："小朋友，有什么事呀？你为什么哭？"我哭着回答她："我忘记带小黄帽了，而妈妈已经回家了。"阿姨又问我："那你知道妈妈的电话号码吗？"我见这位阿姨很善良，不像坏人，于是就把妈妈的电话号码告诉了她。阿姨拿起手中的电话拨通了我妈妈的电话，然后把电话交给了我，电话里传来了妈妈的声音，我总算松了一口气。和妈妈通完电话，我把电话交还给了阿姨，因为第一次遇到这样的事情，所以我紧张得忘了跟阿姨说声谢谢，可阿姨还是亲切地叮嘱我不要乱跑，在原地等待妈妈。妈妈终于及时把小黄帽送给了我，我没有因此而迟到。这件事我至今难以忘记，非常希望能再见到那位戴眼镜的阿姨，衷心地对她说声："谢谢您，阿姨！"

（文章来源：http：//wenku.baidu.com/view/9218f7284 afe04 a1b171 de1d.html？ from=search）

2.问答题

（1）是哪件事让我难忘？

（2）通常情况下，告诉陌生人家人的电话号码是正确的吗？为什么？

（3）通过我的经历，你的体会是？

附录14 研究一 实验一、实验二 汉语学习者被试词汇量测试成绩

项目得分 被试编号	第一题	第二题	第三题	第四题	第五题	总分
L1	12分	13分	4分	4分	9分	42分
L2	16分	16分	5分	3分	11分	51分
L3	16分	16分	3分	2分	12分	49分
L4	14分	16分	5分	3分	9分	47分
L5	15分	15分	4分	4分	11分	49分
L6	16分	17分	5分	4分	11分	53分
L7	16分	15分	4分	3分	11分	49分
L8	16分	16分	3分	4分	12分	51分
L9	15分	12分	5分	4分	12分	48分
L10	15分	15分	5分	3分	11分	49分

注：汉语学习者被试词汇量测试满分为55分。

附录15 研究一 实验一、实验二 汉语学习者被试汉语口语测试成绩

评价方面 被试编号	发音	声调	汉字漏读	填字	断句	总分
L1	9分	10分	10分	10分	9.2分	48.2分
L2	9.2分	10分	9.8分	10分	9分	48分
L3	8.8分	9.8分	10分	10分	9分	47.6分
L4	9.2分	10分	10分	10分	9.2分	48.4分
L5	9.4分	10分	10分	10分	9.4分	48.8分
L6	9分	10分	9.8分	10分	9分	47.8分
L7	9分	10分	10分	10分	9.2分	48.2分
L8	9.2分	10分	10分	10分	9.2分	48.4分
L9	9.4分	9.8分	10分	10分	9分	48.2分
L10	9.2分	10分	9.8分	10分	9分	48分

注：汉字发音、声调、汉字漏读、填字和断句每错一个扣0.2分，各项满分10分。总分为50分。

附录16 研究二 对话话题难易程度问卷调查

亲爱的同学:

你好!

请看下面的4个话题,如果你跟中国人聊这些话题,你会觉得难吗?请在后面选择话题的难度。

1= 很容易; 2= 容易; 3= 一般; 4= 难; 5= 非常难

Dear participants,

Please look at the 10 topics below.If you are going to talk about these topics with Chinese people, do you think the topics are difficult or easy ? Please tick your choice.

1=very easy; 2=easy; 3=so-so; 4=difficult; 5=very difficult

1. 聊过年场景(talking about Chinese Spring Festival)
1   2   3   4   5

2. 聊清朝皇帝早朝情境(talking about the morning assembly of the Emperor in the Qing Dynasty)
1   2   3   4   5

3. 聊中国传统婚礼(talking about traditional Chinese wedding)
1   2   3   4   5

4. 聊教室上课场景(talking about classroom and learning)
1   2   3   4   5

附录17 研究二 实验三、实验四 汉语学习者被试汉语口语测试成绩

评价方面 被试编号	发音	声调	汉字漏读	填字	断句	总分
L11	9.4分	9.8分	9.4分	10分	9.2分	47.8分
L12	9.2分	9.6分	10分	10分	9分	47.8分
L13	9.4分	9.4分	10分	9.6分	9.4分	47.8分
L14	9.2分	9.8分	9.6分	10分	9.2分	47.8分
L15	9.4分	9.6分	10分	9.4分	9.4分	47.8分
L16	9.4分	10分	9.6分	9.8分	9.2分	48分
L17	9.2分	9.8分	9.8分	9.8分	9.4分	48分
L18	9.2分	10分	9.8分	10分	9分	48分
L19	9.2分	9.6分	9.8分	10分	9.4分	48分
L20	9.2分	9.6分	10分	9.8分	9.4分	48分

注：汉字发音、声调、汉字漏读、填字和断句每错一个扣0.2分，各项满分10分。总分为50分。

附录 18 研究二 实验三、实验四 汉语母语者全国普通话统一测试成绩

被试编号	成绩	被试编号	成绩
C21	82 分	C31 分	83 分
C22	87 分	C32 分	90 分
C23	89 分	C33 分	89 分
C24	84 分	C34 分	85 分
C25	85 分	C35 分	86 分
C26	90 分	C36 分	91 分
C27	85 分	C37 分	84 分
C28	86 分	C38 分	85 分
C29	84 分	C39 分	83 分
C30	88 分	C40 分	89 分

附录 19　研究二 实验三、实验四 汉语学习者被试词汇量测试成绩

项目得分 被试编号	第一题	第二题	第三题	第四题	第五题	总分
L11	13 分	14 分	4 分	4 分	10 分	45 分
L12	15 分	16 分	5 分	3 分	12 分	51 分
L13	16 分	15 分	4 分	3 分	11 分	49 分
L14	15 分	16 分	5 分	3 分	10 分	49 分
L15	14 分	16 分	4 分	4 分	11 分	49 分
L16	16 分	16 分	5 分	4 分	11 分	52 分
L17	15 分	15 分	4 分	3 分	11 分	48 分
L18	16 分	15 分	4 分	3 分	12 分	50 分
L19	16 分	12 分	5 分	4 分	11 分	48 分
L20	15 分	15 分	5 分	4 分	11 分	50 分

注：汉语学习者被试词汇量测试满分为 55 分。

附录20 研究三 实验五、实验六、实验七 汉语学习者被试汉语口语测试成绩

评价方面 被试编号	发音	声调	汉字漏读	填字	断句	总分
L21	9分	9.6分	9.2分	10分	9.2分	47分
L22	9.2分	10分	9.8分	10分	9分	48分
L23	8.8分	9.8分	10分	10分	9分	47.6分
L24	9.2分	9.6分	10分	10分	9.2分	48分
L25	9.4分	9.4分	9.8分	10分	9.2分	47.8分
L26	9.2分	10分	9.8分	10分	9分	48分
L27	9分	10分	10分	10分	9.2分	48.2分
L28	9.2分	9.8分	10分	10分	9.2分	48.2分
L29	9.4分	10分	10分	10分	9.4分	48.8分
L30	9.2分	10分	9.6分	10分	9分	47.8分
L31	9.6分	10分	9.6分	9.8分	9.2分	48.2分
L32	9分	10分	10分	10分	9分	48分
L33	8.8分	10分	9.6分	10分	9.2分	47.6分
L34	9.6分	10分	10分	9.6分	9.2分	48.4分
L35	9.4分	10分	10分	10分	9.4分	48.8分
L36	9.4分	10分	10分	9.8分	9.2分	48.4分
L37	9.2分	10分	10分	10分	9分	48.2分
L38	9.6分	10分	10分	10分	9.2分	48.8分
L39	9.4分	9.4分	10分	9.6分	9.4分	47.8分
L40	9.2分	9.6分	9.8分	9.8分	9分	47.4分

续表

评价方面 被试编号	发音	声调	汉字漏读	填字	断句	总分
L41	9.6分	10分	9.6分	9.8分	9.2分	48.2分
L42	9.4分	10分	10分	10分	9分	48.4分
L43	9.2分	10分	9.8分	10分	9.2分	48.2分
L44	9.2分	9.8分	9.6分	10分	9.2分	47.8分
L45	9.2分	9.6分	10分	9.8分	9.4分	48分
L46	9.2分	9分	9.6分	9分	9.2分	46分
L47	9.4分	9.6分	10分	10分	9分	48分
L48	9.4分	10分	10分	10分	9.4分	48.8分
L49	9.4分	9.6分	10分	9.4分	9.4分	47.8分
L50	9.2分	9.8分	10分	10分	9.2分	48.2分

注：汉字发音、声调、汉字漏读、填字和断句每错一个扣0.2分，各项满分10分。总分为50分。

附录21 研究三 实验五、实验六、实验七 汉语母语者全国统一普通话水平测试成绩

无反馈组		积极反馈组		消极反馈组	
被试编号	成绩	被试编号	成绩	被试编号	成绩
C41 分	88 分	C51 分	88 分	C61 分	88 分
C42 分	92 分	C52 分	89 分	C62 分	92 分
C43 分	89 分	C53 分	87 分	C63 分	89 分
C44 分	87 分	C54 分	91 分	C64 分	87 分
C45 分	91 分	C55 分	90 分	C65 分	91 分
C46 分	86 分	C56 分	86 分	C66 分	88 分
C47 分	82 分	C57 分	85 分	C67 分	84 分
C48 分	85 分	C58 分	85 分	C68 分	85 分
C49 分	82 分	C59 分	83 分	C69 分	83 分
C50 分	86 分	C60 分	84 分	C70 分	86 分

附录22 研究三 实验五、实验六、实验七 汉语学习者被试词汇量测试成绩

项目得分 被试编号	第一题	第二题	第三题	第四题	第五题	总分
L21	13分	14分	4分	4分	10分	45分
L22	15分	16分	5分	3分	12分	51分
L23	16分	15分	4分	3分	11分	49分
L24	15分	16分	5分	3分	10分	49分
L25	14分	16分	4分	4分	11分	49分
L26	16分	16分	5分	4分	11分	52分
L27	15分	15分	4分	3分	11分	48分
L28	16分	15分	4分	3分	12分	50分
L29	16分	12分	5分	4分	11分	48分
L30	15分	15分	5分	4分	11分	50分
L31	15分	13分	5分	4分	12分	49分
L32	14分	14分	4分	3分	12分	47分
L33	16分	13分	4分	4分	12分	49分
L34	14分	14分	5分	4分	11分	48分
L35	16分	13分	4分	4分	11分	48分
L36	15分	16分	4分	4分	11分	50分
L37	14分	15分	5分	3分	11分	48分
L38	16分	14分	4分	4分	12分	50分
L39	16分	16分	5分	3分	13分	53分
L40	15分	15分	5分	3分	11分	49分

续表

项目得分 被试编号	第一题	第二题	第三题	第四题	第五题	总分
L41	14 分	16 分	5 分	4 分	10 分	49 分
L42	14 分	15 分	5 分	4 分	12 分	50 分
L43	16 分	15 分	5 分	4 分	12 分	52 分
L44	15 分	14 分	4 分	4 分	11 分	48 分
L45	16 分	14 分	4 分	4 分	12 分	50 分
L46	14 分	15 分	4 分	4 分	12 分	49 分
L47	14 分	14 分	5 分	4 分	11 分	48 分
L48	16 分	15 分	4 分	4 分	11 分	50 分
L49	15 分	16 分	5 分	5 分	13 分	54 分
L50	14 分	15 分	5 分	4 分	11 分	49 分

注：汉语学习者被试词汇量测试满分为 55 分。

附录23 研究四 实验八、实验九 汉语学习者被试汉语口语测试成绩

评价方面 被试编号	发音	声调	汉字漏读	填字	断句	总分
L51	9分	10分	10分	10分	9.2分	48.2分
L52	9.2分	10分	9.8分	10分	9分	48分
L53	8.8分	9.8分	10分	10分	9分	47.6分
L54	9.2分	10分	10分	10分	9.2分	48.4分
L55	9.4分	10分	10分	10分	9.4分	48.8分
L56	9分	10分	9.8分	10分	9分	47.8分
L57	9分	10分	10分	10分	9.2分	48.2分
L58	9.2分	10分	10分	10分	9.2分	48.4分
L59	9.4分	9.8分	10分	10分	9分	48.2分
L60	9.2分	10分	9.8分	10分	9分	48分
L61	9分	10分	9.6分	9.8分	9.2分	47.6分
L62	9分	10分	10分	10分	9分	48分
L63	8.8分	10分	9.8分	10分	9.2分	47.8分
L64	9.2分	10分	9.6分	10分	9.2分	48分
L65	9.2分	9.6分	10分	10分	9.4分	48.2分
L66	9.2分	10分	10分	9.8分	9.2分	48.2分
L67	9.4分	10分	10分	10分	9分	48.4分
L68	9分	10分	10分	10分	9.2分	48.2分
L69	9.4分	10分	10分	10分	9.4分	48.8分
L70	9.2分	9.8分	9.8分	10分	9分	47.8分

注：汉字发音、声调、汉字漏读、填字和断句每错一个扣0.2分，各项满分10分。总分为50分。

附录24 研究四 实验八、实验九 汉语学习者被试词汇量测试成绩

项目得分 被试编号	第一题	第二题	第三题	第四题	第五题	总分
L51	12分	13分	4分	4分	9分	42分
L52	16分	16分	5分	3分	11分	51分
L53	16分	16分	3分	2分	12分	49分
L54	14分	16分	5分	3分	9分	47分
L55	15分	15分	4分	4分	11分	49分
L56	16分	17分	5分	4分	11分	53分
L57	16分	15分	4分	3分	11分	49分
L58	16分	16分	3分	4分	12分	51分
L59	15分	12分	5分	4分	12分	48分
L60	15分	15分	5分	3分	11分	49分
L61	15分	14分	5分	3分	11分	48分
L62	16分	15分	4分	2分	9分	46分
L63	14分	12分	3分	3分	11分	43分
L64	15分	17分	5分	4分	10分	51分
L65	15分	16分	2分	2分	11分	46分
L66	16分	17分	4分	4分	11分	52分
L67	15分	17分	4分	3分	12分	51分
L68	15分	12分	5分	3分	11分	46分
L69	15分	12分	5分	4分	11分	47分
L70	16分	15分	4分	3分	11分	49分

注：汉语学习者被试词汇量测试满分为55分。

附录25 研究四 实验八、实验九 汉语母语者全国统一普通话水平测试成绩

无交际调节组		采用交际调节组	
被试编号	成绩	被试编号	成绩
C71	86分	C81分	86分
C72	82分	C82分	85分
C73	85分	C83分	85分
C74	82分	C84分	83分
C75	86分	C85分	84分
C76	88分	C86分	87分
C77	89分	C87分	91分
C78	83分	C88分	88分
C79	84分	C89分	88分
C80	90分	C90分	81分

附录26 研究四 汉语成语、习语熟悉度调查问卷

亲爱的同学：你好！

请判断你是否理解下面这些成语和习语。

1=一点不理解；2=不太理解；3=有点理解；4=理解；5=非常理解

What do the following proverbs or saying mean？ Do you know？ Please indicate how well you understand them by circling a corresponding number.

1=don't understand at all；2=don't understand well；3=understand a little；4=understand；5=understand very well

序号	成语/习语	理解度 低←→高				
1	童叟无欺	1	2	3	4	5
2	峥嵘岁月	1	2	3	4	5
3	百舸争流	1	2	3	4	5
4	危在旦夕	1	2	3	4	5
5	洞若观火	1	2	3	4	5
6	柳暗花明	1	2	3	4	5
7	化险为夷	1	2	3	4	5
8	发上指冠	1	2	3	4	5
9	饱经沧桑	1	2	3	4	5
10	长歌当哭	1	2	3	4	5
11	屏息以待	1	2	3	4	5
12	此地无银三百两	1	2	3	4	5
13	扭转乾坤	1	2	3	4	5
14	急不暇择	1	2	3	4	5
15	不到黄河心不死	1	2	3	4	5
16	信誓旦旦	1	2	3	4	5
17	卓尔不群	1	2	3	4	5
18	沧海一粟	1	2	3	4	5
19	义愤填膺	1	2	3	4	5
20	心急如焚	1	2	3	4	5

附录27 研究四 汉语学习者汉语成语、习语理解测试题

亲爱的同学:
你好!
请看下面这些成语和例句。你认为这些成语能用在这些例句中吗?如果能,请打"√",不能请打"×"。

序号	成语/习语	例句	判断正误
1	沧海一粟	大海的粮食很多,真是沧海一粟。	
		世界上伟大的人很多,我只是沧海一粟。	
2	扭转乾坤	他一定会扭转乾坤,改变这个公司的。	
		我们在舞会上,扭转乾坤,玩得很开心。	
3	柳暗花明	春天来了,又到了柳暗花明的好时候。	
		走到小路尽头一拐弯,我顿时觉得柳暗花明,又是一番景象。	
4	童叟无欺	我们要诚信,做生意要童叟无欺。	
		学生们都很友好,童叟无欺。	
5	心急如焚	终于考完试可以放松了,我们感觉心急如焚。	
		小明晚上十点还没回家,他爸妈都心急如焚。	
6	不到黄河心不死	他去过黄河好多次,真是不到黄河心不死。	
		这次考试我一定要拿第一名,我是不到黄河心不死。	
7	化险为夷	吃了医生给的药,他逐渐好了起来,终于化险为夷。	
		他的计划失败了,终于化险为夷了。	
8	卓尔不群	小丽各方面非常优秀,是个卓尔不群的女孩。	
		小丽非常优秀,但是很骄傲,是个卓尔不群的女孩。	
9	饱经沧桑	今天晚上他准备大吃一顿,饱经沧桑。	
		他才40岁,但看上去饱经沧桑,像一个老人。	

续表

序号	成语/习语	例句	判断正误
10	此地无银三百两	他家里很穷,经常对人说,此地无银三百两。	
		明明是他惹的事,还找机会硬说不是他,真是此地无银三百两。	

附录28　研究四 实验八 无交际调节组汉语成语、习语表

亲爱的同学：你好！请在给留学生讲解每条成语时，注意以下要点：

（1）语速：请用与中国人交流时一样的语速，不要降低或提高语速。

（2）停顿时间：每句话之间，或者每个标点符号处不要刻意缩短和延长时间。

（3）只可以朗读下面解释和例句，不可以自由发挥。

序号	成语、习语	解释与例句
1	不到黄河心不死	不到黄河心不死，就是说，人不到无路可走的地步，是不肯死心的。比喻不达目的不罢休。 例如，我的同学王运佳做事非常认真，一定要把什么事情都弄明白，从来都是不到黄河心不死。
2	此地无银三百两	此地无银三百两。古时候，有个叫张三的人攒了三百两银子。他很高兴，但是总怕别人偷去，所以就找了一只箱子，把三百两银子钉在箱中。然后，埋在屋后地下。可是他还是不放心，怕别人到这儿来挖，于是，就想了一个好办法，在纸张上写道："此地无银三百两"七个字，贴在墙角边，这才放心地走了。谁知道，他的行动都被隔壁的王二看到了。半夜，王二把三百两银子全偷走了。为了不让张三知道，他在一张纸上写道："隔壁王二不曾偷"贴在墙上。张三第二天早上起来，到屋后去看银子，银子不见了。一看见纸条，才恍然大悟。"此地无银三百两"本来的意思就是，这个地方没有三百两银子。比喻想要把事情隐瞒掩饰，结果反而暴露。 例如：小明4岁，偷吃了两块糖，然后，他主动对妈妈说："妈妈我没偷吃糖。"他这么做就是"此地无银三百两"。妈妈一下子就知道他偷吃了糖。
3	柳暗花明	柳暗花明。柳暗花明原指前面花红柳绿，树木花草繁荣茂密的景象，之后又比喻绝处之中找到出路，突然出现的新的好形势。 例如：我们每个人都会遇到一些困难，但是只要努力，总会看到柳暗花明的那一刻。

续表

序号	成语、习语	解释与例句
4	童叟无欺	童叟无欺。童，就是未成年的孩子。叟，是年老的男人。欺，就是欺骗。童叟无欺的意思是，既不欺骗小孩也不欺骗老人，指买卖公平。 例如：这个市场里的人都很诚实，不管谁来买菜，都是童叟无欺。
5	饱经沧桑	饱经沧桑。饱，意思是充分。沧桑，意思是沧海变桑田。饱经沧桑的意思是，经历过多次的世事变化，生活经历极为丰富。 例如：这位老人90多岁了，经历过很多事情，真是饱经沧桑。
6	心急如焚	心急如焚。焚，就是烧火的意思。心急如焚就是，心里急得像着了火一样。形容非常着急。 例如：还有2个月就要毕业了，但是我的毕业论文还没写完，我每天都感觉心急如焚。
7	沧海一粟	沧海一粟。沧海，就是大海的意思。粟，就是米的意思。沧海一粟的意思是指，海很大，一粒米很小。比喻人生在世，好像是大海中的一粒米。 例如：我们无论多么优秀，也要谦虚。因为比我们优秀的人很多很多，我们只是沧海一粟。
8	化险为夷	化险为夷。险，就是危险。夷，意思是平安。化，就是变化。化险为夷的意思是，把危险变成平安。 例如：小刚出了车祸，但是在医生的抢救下，化险为夷，很快没事了。
9	扭转乾坤	扭转乾坤。乾坤，意思是天地。扭转乾坤，比喻从根本上改变整个局面。 例如：美国队的比分一直落后日本队，但是，最后扭转乾坤，赢了比赛。
10	卓尔不群	卓尔不群。卓尔的意思是，高高直立的样子。不群的意思是，跟别人不一样。卓尔不群指才华和品德超出寻常，与众不同。 例如：我们都要努力学习，不断在生活中磨炼自己，成为卓尔不群的人才。

附录29 研究四 实验九 交际调节组 汉语成语、习语表

亲爱的同学：你好！请在给留学生讲解每条成语时，注意以下要点：
（1）降低语速：用比平时说话慢一倍左右的速度。
（2）延长停顿：在每个标点符号，或每句话结束时，停顿2秒左右。
（3）只可以朗读下面解释和例句，不可以自由发挥。

序号	成语、习语	解释与例句
1	不到黄河心不死	不到黄河心不死，就是说，人不到无路可走的地步，是不肯死心的。比喻不达目的不罢休。 例如，我的同学王运佳做事非常认真，一定要把什么事情都弄明白，从来都是不到黄河心不死。
2	此地无银三百两	此地无银三百两。古时候，有个叫张三的人攒了三百两银子。他很高兴，但是总怕别人偷去，所以就找了一只箱子，把三百两银子钉在箱中。然后，埋在屋后地下。可是他还是不放心，怕别人到这儿来挖，于是，就想了一个好办法，在纸张上写道："此地无银三百两"七个字，贴在墙角边，这才放心地走了。谁知道，他的行动都被隔壁的王二看到了。半夜，王二把三百两银子全偷走了。为了不让张三知道，他在一张纸上写道："隔壁王二不曾偷"贴在墙上。张三第二天早上起来，到屋后去看银子，银子不见了。一看见纸条，才恍然大悟。"此地无银三百两"本来的意思就是，这个地方没有三百两银子。比喻想要把事情隐瞒掩饰，结果反而暴露。 例如：小明4岁，偷吃了两块糖，然后，他主动对妈妈说："妈妈我没偷吃糖。"他这么做就是"此地无银三百两"。妈妈一下子就知道他偷吃了糖。
3	柳暗花明	柳暗花明。柳暗花明原指前面花红柳绿，树木花草，繁荣茂密的景象，之后又比喻绝处之中找到出路，突然出现的新的好形势。 例如：我们每个人都会遇到一些困难，但是只要努力，总会看到柳暗花明的那一刻。

续表

序号	成语、习语	解释与例句
4	童叟无欺	童叟无欺。童,就是未成年的孩子。叟,是年老的男人。欺,就是欺骗。童叟无欺的意思是,既不欺骗小孩也不欺骗老人,指买卖公平。 例如:这个市场里的人都很诚实,不管谁来买菜,都是童叟无欺。
5	饱经沧桑	饱经沧桑。饱,意思是充分。沧桑,意思是沧海变桑田。饱经沧桑的意思是,经历过多次的世事变化,生活经历极为丰富。 例如:这位老人90多岁了,经历过很多事情,真是饱经沧桑。
6	心急如焚	心急如焚。焚,就是烧火的意思。心急如焚就是,心里急得像着了火一样。形容非常着急。 例如:还有2个月就要毕业了,但是我的毕业论文还没写完,我每天都感觉心急如焚。
7	沧海一粟	沧海一粟。沧海,就是大海的意思。粟,就是米的意思。沧海一粟的意思是指,海很大,一粒米很小。比喻人生在世,好像是大海中的一粒米。 例如:我们无论多么优秀,也要谦虚。因为比我们优秀的人很多很多,我们只是沧海一粟。
8	化险为夷	化险为夷。险,就是危险。夷,意思是平安。化,就是变化。化险为夷的意思是,把危险变成平安。 例如:小刚出了车祸,但是在医生的抢救下,化险为夷,很快没事了。
9	扭转乾坤	扭转乾坤。乾坤,意思是天地。扭转乾坤,比喻从根本上改变整个局面。 例如:美国队的比分一直落后日本队,但是,最后扭转乾坤,赢了比赛。
10	卓尔不群	卓尔不群。卓尔的意思是,高高直立的样子。不群的意思是,跟别人不一样。卓尔不群指才华和品德超出寻常,与众不同。 例如:我们都要努力学习,不断在生活中磨炼自己,成为卓尔不群的人才。

附录30 研究四 汉语学习者汉语成语、习语理解测试成绩

1. 实验八 无交际调节组被试成绩

被试	L51	L52	L53	L54	L55	L56	L57	L58	L59	L60
成绩	16.00分	15.00分	16.00分	15.00分	14.00分	15.00分	14.00分	15.00分	16.00分	15.00分

2. 实验九 交际调节组被试成绩

被试	L61	L62	L63	L64	L65	L66	L67	L68	L69	L70
成绩	18.00分	18.00分	17.00分	16.00分	17.00分	18.00分	17.00分	18.00分	17.00分	19.00分

注：成语、习语理解测试总20道题，满分为20分，错一题扣一分。

附录 31 实验材料图片

年轻人领着孩子回家和父母过年

国外街头艺人演奏乐器

上课情境图片

传统婚礼图片

清朝皇帝早朝的图片